NEW
최신판

AI 골프 티칭프로 합격 깨기

생활 스포츠지도사

골프

실기·구술 합격 알고리즘

오세종 · 송태훈 · 오은영

PY
러닝메이트
LEARNING MATE

추 천 사

골프라는 것이 늘 익숙한 취미이지만, 막상 실력만 믿고 자격증에 도전하려면 작아지는 내 모습을 발견하곤 한다. 시험은 어려울까? 아니면 실기는 그럭저럭 하는데 구술시험은 어떻게 준비하지? 하고 많은 생각이 들 것이다. 같은 고민을 하는 대한민국 평균 골퍼라면 이 도서로 실질적인 PLAN을 세우고 실천하는 데 도움을 줄 수 있는 교본으로 적극 추천한다.

- 김성민 | 안양CC 지배인 兼 삼성물산 골프사업팀장

생활 스포츠지도사 자격! 이 책 하나면 안개 속 망망대해를 항해하면서 그토록 바라던 밝고 아름다운 불빛의 등대를 만난 기분이 들 것이다.

자격시험이란 원래, 진입장벽을 지속적으로 높여 초보자가 접근하기 어렵게 하는 것이 자격 시행기관의 얄궂은 노력이라고나 할까? 몇 해 전까지만 해도 없었던 구술시험까지 추가하여 점점 더 난이도 높은 자격으로 다시 태어나고자 노력하고 있지만, 이 책 앞에서는 쓸데없는 시간 낭비의 노력이라고 자신 있게 얘기할 수 있을 것이다. 골프의 문제는 너무 재미있다는 것이 문제라는 이야기가 있지만, 그 재미있는 골프를 배우고 즐기기 위해서는 많은 노력과 시간이 필요한 것 또한 사실이다. 골프를 단순하게 즐긴다는 개념에서 생활 스포츠지도사 자격에 도전하고 좀 더 심오한 경지까지 성장하고 싶은 용기 있는 골퍼라면 누구라도 필독서로 추천하고 싶은 도서라고 자신 있게 말씀드린다.

- 차재수 | 레이크사이드CC 총지배인

골프를 조금이라도 아는 사람들은 말한다. "골프는 멘탈게임"이라고... 하지만 그것도 기본적인 지식과 트렌드를 파악하고 있을 때 얘기다. 기본기가 탄탄하면 멘탈도 단단해진다. 골프를 취미가 아닌 업으로 하고자 하는 이들에게 꼭 필요한 책, 기본기와 멘탈을 모두 잡고 싶은 당신에게 추천한다.

- 김형준 | 전 강북삼성병원 기업정신건강연구소, 수석 임상심리사

미국 골프 티칭 프로 자격증(USGTF)을 취득하고, 국내 유일한 골프 국가자격증(생활 스포츠지도사)을 준비하고 있다. 전공자가 아니기에 실기보다 구술이 걱정이었다. 이 도서는 구술의 문제를 Q&A 방식으로 간결하고 쉽게 표현했다. AI MP3는 '구술의 완벽한 대비'로 걷거나 운전하면서 빠르게 습득할 수 있다.

- 임윤희 | 머니투데이 골프 기자 / 차장

이 책은 골프 국가자격시험을 대비하는 데 있어 AI 시대의 모범답안 같은 책이다.

QR코드로 정확하게 자세를 잡을 수 있고, AI MP3를 활용하여 시간과 장소에 구애받지 않으며 구술 준비도 할 수 있도록 세심하게 구성되어 있다. 또한 실제 실기 시험장의 코스와 사진, 야디지북을 통한 홀별 공략법까지 체계적으로 제공하고 있다. 더구나 가상현실 골프리그, 최신 골프사업 트렌드 정보 제공 등 골프창업 가이드 역할도 하고 있다. 디지털화와 AI시대에 걸맞은 신개념 수험서로 추천하기에 충분하다.

- **정락현** ｜ 한국인공지능연구소 고문

골프로 하나가 된 세 명이 뭉쳤다.

AI 전문가와 국가대표 프로골퍼, 거기에 골프장 회생, 소송, M&A 전문 이력까지 지닌 자격증 부자의 공저라니!! 국가자격 취득을 위한 가장 쉽고, 빠른 방법을 찾는다면 밀도 높은 공저의 경험을 바탕으로 현현된 이 책을 진심으로 권하고 싶다.

각자의 분야에서 일가를 이룬 사람들이 함께 모여 만들어 낸 아름다운 하모니 같은 이 책을...

- **성영제** ｜ 네이버 클라우드 뉴로서치 리더

이런 책은 사실 고마움 그 자체다. 나와 같은 골프 초심자의 입문서로도 훌륭한 내용을 담고 있기 때문이다. 늦은 나이에 누군가와 함께 할 취미를 찾다 시작한 골프다 보니, 이왕이면 빨리 시작할 걸 하는 생각을 평소에 많이 했다. 남보다 시작이 늦은 만큼 시간과 돈의 투자로 지난 시간을 따라 잡으려 노력했지만, 아! 세월이여... 레슨프로의 짧은 수업이 아쉬워 유튜브 등 여러 매체의 콘텐츠를 살펴보았지만, 사실 쪽집게 같은 솔루션은 없었다. 이 책은 그런 내게 무엇을 먼저 연습하고, 바로 잡아야 할지 길잡이 역할을 해주었다. 직업이 프로그래머다 보니 항상 끼고 있는 바이블 같은 책들이 있는데 이 책은 적어도 골프 초보인 나에게 한동안은 항상 가까이 두고 펼쳐볼 그런 바이블 같은 책이 될 것이다.

- **이기일** ｜ GS리테일 IT개발팀장

생활 스포츠지도사 골프는 연 1회 시험으로 난이도까지 높아 싱글플레이어의 탈락률도 높고, 어렵게 실기에 합격 후에도 구술에서 떨어지는 경우가 높다고 이미 풍문으로 들은 바 있다. 그래서 태권도협회장인 나 또한 골프를 좋아하지만 엄두가 나지 않는 자격시험이었다.

하지만 이제는 전혀 걱정하지 않는다. 생활 스포츠지도사 총 64개 종목(태권도, 보디빌딩, 축구, 수영 등) 중 단 1개 종목이라도 취득하였다면 필기시험을 면제받을 수 있어 이 책 한 권만으로 골프도 손쉽게 취득할 수 있게 되었기 때문이다. 400여 개 구술문제는 출제 빈도수도 표기되어 있어 우선순위를 정하여 공부할 수 있고, 다채로운 시각 자료는 덤, QR코드 스캔만으로 국가대표 골프 프로의 강의를 직접 만날 수 있고, 심지어 AI MP3까지 있어 책이 없어도 두손 자유롭게 언제, 어디서든 내 시간까지 절약해 줄 수 있다.

- **이화현** ｜ 인천광역시 태권도협회장

이 도서는 생활 스포츠지도사 뿐 아니라 노인 스포츠지도사를 지망하는 분들을 위한 교재이기도 하다. 노인 스포츠지도사는 시니어들이 앞으로 남은 시간의 인생 계획을 잘 세워 어르신들이 행복해 하는 삶, 건강한 삶을 이어드리기 위해 시간과 노력을 아끼지 않는 분들이다.

(생활/노인) 스포츠지도사는 18세 이상 누구나 도전할 수 있다. 나이가 많아 쉽지 않을 거라고 지레 겁먹는다고 달라질 것은 없다. 어차피 시간은 흘러가고 체력은 떨어질 테니까…

누구보다도 오래 살고 싶은 생각은 없다. 다만 사는 동안은 재미있게, 건강하게 살고 싶다.

나이는 숫자에 불과할 뿐! 더 늦기 전에 내 남은 열정을 좋아하는 골프에 쏟으며 국가 자격증까지 취득할 수 있다면 얼마나 좋을까?

오늘 저녁에는 골프 좋아하는 오랜 친구들과 술 한 잔 기울이며 골프 국가자격증에 대해 이야기 해봐야겠다. 골프 국가자격을 보유한 친구들과 초록색 잔디 위에서의 라운드라~ 생각만해도 가슴 설렌다.

- 권기욱 ｜ 삼성노블카운티 스포츠센터 총괄

이 책 한 권으로 헬스 트레이너도 two job이 가능해진다. 보디빌딩(생활 스포츠지도사) 자격증 소지자는 필기시험 면제로, '골프 실기/구술'만 합격하면, 골프 국가 자격증을 취득할 수 있다. 자격증 취득과 동시에, 골프에 대한 전문성을 가지며 운동 전문가이자 트레이너로서 스스로의 역량을 더욱 높일 수 있다. 이 모든 것을 한 권으로 끝낸〈생활 스포츠지도사, 골프〉도서를 강력 추천한다.

- 조민아 ｜ THE CHANCE GYM 헬스트레이너 / 지점장

머 리 말

"90타(보기 플레이어)면, 골프 국가자격증 딴다."

지인들과 골프를 치면 자주 듣는 말이 있습니다. 제 전공 분야인 AI처럼 골프를 체계적으로 잘
친다는 것과 멘탈이 강하니 티칭 프로를 해도 좋겠다는 말이었습니다. 골프를 평생 취미이자
'멘탈 훈련 운동'으로 생각하며 살고 있으니, '골프 티칭 프로'까지 도전해 보아도 좋을 것 같아
관련 자격증을 분석하기 시작했습니다.
국가자격증인 생활 스포츠지도사 골프의 실기 합격기준을 분석해보니 평균 스코어가 90타
(보기 플레이어)면 합격할 수 있겠다고 판단되었습니다. 하지만 자격증을 준비하며 관련 정보가
부족하고 체계적인 교재가 없는 것이 안타깝게 여겨졌습니다. 제가 한 땀 한 땀 정리한 자료와
노하우(골프 실기 + 구술 + 골프 창업 노하우)를 공유하면 좋겠다는 마음과 좋은 공저자들의 힘이 합쳐져
도서를 출간하게 되었습니다.
본 책은 "골프, 4주면 필드 나간다."라는 구체적인 목표처럼 누구나 쉽게 골프 티칭에 흥미를
가지고 자격증을 취득할 수 있도록 기획되었습니다.

PART 01 골프 트렌드 깨기
최신 골프 트렌드를 통해 골프 시장의 현황과 합리적인 골프에 대해 다루고 있습니다. 골프를
쉽고, 재미있게 배울 수 있는 스크린 골프, 골프 스튜디오, 스포츠센터 및 헬스장 골프 연습시설
등을 소개합니다.

PART 02 골프 자격증 깨기
국내외 골프 자격증 시험의 모든 것을 담았습니다. 생활 스포츠지도사, 유소년 스포츠지도사,
노인 스포츠지도사, 파크 골프, 그라운드 골프, 국제 골프 자격증(USGTF)까지 폭넓은 정보를
담고 있습니다.

PART 03 생활 스포츠지도사 골프 실기 깨기
대표적인 골프 국가자격증인 '생활 스포츠지도사(골프)' 실기 파트를 대비할 수 있도록 했습니다.
실제 시험장의 야디지북으로 홀별 공략법을 사진과 함께 수록하였습니다.

PART 04 생활 스포츠지도사 골프 구술 깨기

대표적인 골프 국가자격증인 '생활 스포츠지도사(골프)' 구술 파트를 대비할 수 있도록 했습니다. 골프 규칙, 지도 방법, 골프 용어, 생활체육, (유소년/노인)스포츠지도사, 파크골프·그라운드골프 영역으로 나누어 핵심 문항을 Q&A 형태로 구성하였습니다.

PART 05 골프 제대로 즐기기

마지막 파트는 골프를 제대로 즐기기 위한 모든 것을 담았습니다. 많은 분들이 관심을 가질 골프 창업 관련 인터뷰, 멘탈 관리를 위한 명언, 골프 기초상식과 에티켓까지! 제대로 골프를 즐길 수 있는 정보들로 채웠습니다.

이 책은 골프 관련 자격증을 취득하겠다는 구체적인 목표를 가진 분들은 물론 골프에 막 흥미를 느끼기 시작한 초보자, 티칭 프로나 창업에 관심을 가진 분들에게도 실질적인 도움이 될 것입니다. 생활 스포츠지도사 골프 자격을 보유한 골프 국가대표선수, AI 현업 교수, 국가기술자격을 35개나 취득하여 누구보다 수험서를 많이 접해 본 전문가 세 명이 힘을 모아 책을 선보이게 되었습니다. 수험생들은 꼭! 시험에 합격하시고, 창업을 준비하는 분들도 도움되시길 바라며 미리 축하를 전하겠습니다.

여러분의 합격 그리고 창업을 진심으로 축하드립니다.

이 책이 출판되기까지 저희에게 도움을 주신 박영사 출판사의 대표님, 차익주 팀장님과 김보라 차장님, 편집 디자이너 그리고 사랑하는 부모님과 가족들께 깊은 감사를 드립니다. 추앙합니다.

여러분이 잘 알고 있는 전설의 골퍼 벤 호건(Ben Hogan)의 어록으로 마무리하겠습니다.

> 하루 연습하지 않으면 *내가* 알고,
> 이틀을 연습하지 않으면 *갤러리가* 알고,
> 사흘을 연습하지 않으면 *전 세계가* 안다.
>
> – 벤 호건

언제나 봄날이기를
오세종, 송태훈, 오은영

저 자

AI 닥터 골퍼 오세종 프로

한국외국어대학교 소프트웨어 중심 대학 AI교육원에서 SW/AI를 교육하는 교수이며, 한양대학교 문화콘텐츠학과 박사를 졸업했다. 인공지능 기반 청년 정신건강(우울, 불안) 상태측정 및 헬스케어 콘텐츠를 개발하고, K콘텐츠 융합 교육 프로그램을 연구하고 있다.

해병대 897K 출신이며, 생활 스포츠지도사 2급(골프)을 취득하고, 마이데이터를 활용한 '닥터 골프 레슨과 멘탈케어' 아카데미를 운영하고 있다(골프, 4주면 필드 나간다).

NHN Search Marketing(現, 네이버), 슈피겐코리아에서 기업 마케팅 컨설팅 활동을 했으며, 〈10대를 위한 SW인문학〉, 〈인공지능 시대의 문화기술〉 등 실용도서 12권을 저술했다.

✉ tbells@hanmail.net

f https://www.facebook.com/OhSeJong

골프 국가대표 송대훈 프로

골프 국가대표(2008~2009)로 활동했으며, 한국체육대학교 체육학과 골프부 학/석사를 졸업했다. 한국체육대학교 골프 최고경영자과정 레슨, 2010년도 KPGA 투어프로(정회원, 994) 수석 합격, 골프존 GDR 아카데미 레슨, 골프 전문 스포츠지도사 2급, 골프 생활지도사 1급을 보유하고 있다.

 blog.naver.com/taehoon994

삼성물산 경영관리 오은영 프로

삼성물산에서 골프장 회생/소송/M&A/채권회수 업무를 했으며, 경희대학교 석사를 졸업했다.
대표이사 〈경영혁신부문 공적상〉 수상을 했으며, PS지급에 중추적인 역할을 했다.
누구보다 골프를 사랑하고, 골프에 진심이다.
어떤 일이든 한번 마음먹으면 확실한 결과를 보는 스타일이다.
성장과 자기 개발에도 진심이다 보니 스포츠경영관리사, 뉴스포츠지도사, 응급처치 심폐소생술 강사 등 국가기술자격을 35개나 취득하여 "취미가 자격증 도장 깨기냐?"라는 이야기를 많이 들어 '자격증의 신'이라고도 불린다.
그 누구보다 수험생의 마음을 잘 안다고 자부하기에 자격 취득을 준비하며 아쉬웠던 부분을 저자의 비법 노트에 담아 수험생들의 시간, 노력, 체력은 물론 금전까지 아끼는 데 도움을 주고 싶은 마음에 이 책을 저술했다.
"애쓰고 애쓴 건 사라지지 않고, 모두 내 안에 남아 있다."라는 믿음처럼 노력의 힘을 의심하지 말자! 다시 "희망"이라는 불씨를 당기기에는 충분하니깐...

✉ ohleeyou@gmail.com

안 내

"이 책은 이런 분들을 위해 준비되었습니다."

- 체육 관련 비전공자로 단기간에 생활 스포츠지도사 골프 자격증을 취득하고 싶은 분
- 생활 스포츠지도사 보디빌딩, 축구, 배드민턴 등 자격 기 보유자로 골프 자격까지 추가로 취득하고 싶은 분
  (생활 스포츠지도사 자격 기 보유자는 필기시험이 면제되어 "실기와 구술" 시험만으로 생활 스포츠지도사 골프를 추가로 취득 가능)
- 생활 스포츠지도사 골프 취득 시 필요한 실기, 구술 자료가 통합된 도서를 찾고 계신 분
- 노인 스포츠지도사 및 유소년 스포츠지도사를 취득하고 싶은 분(생활 스포츠지도사 파크골프 및 그라운드골프까지 취득하고 싶은 분)
- 생활 스포츠지도사 골프 취득 후 골프 관련 분야로 진로를 준비 중인 분(실제 골프 관련 창업 및 절차, 인터뷰 등 수록)
- 골프에 관심이 많은 아마추어 골퍼(90타 이하, 보기 플레이어)로 골프 자격을 취득하고 싶은 분

2급 생활 스포츠지도사

파크골프지도사

그라운드골프지도사

USGTF

AI 닥터 골퍼의 골프 국가자격증(생활 스포츠지도사) 도전기
"필드 90타면, 골프 국가 자격증 딴다"

1단계

필기
필기시험(과목별 과락 40점, 전 과목 총점 60점 이상) 7과목(스포츠교육학, 스포츠사회학, 스포츠심리학, 스포츠윤리, 운동생리학, 운동역학, 한국체육사) 중 5과목을 선택하여 기출문제를 중심으로 학습하였습니다.
1년에 한 번 있는 필기시험은 다행히 한번에 합격했습니다.

2단계

실기
실기시험은 필기 합격자만 응시 가능하며 1년에 단 1회, 최대 2년 동안 총 2번의 응시 가능합니다. 첫 회는 타수 부족 등으로 불합격하였지만, 2년차에는 멘탈의 승리로 합격 기준 타수를 맞추었습니다.

3단계

구술
구술시험은 4문제(규정, 지도방법, 태도)를 선생님이 학생에게 쉽게 설명하듯 예를 들어 설명하면 됩니다(실기 및 구술시험은 각각 만점의 70% 이상 득점).
* 실기 불합격 후에도 구술시험은 응시 가능('21년부터 변경됨)

4단계

연수
일반과정 90시간, 특별과정 40시간 연수(스포츠 윤리, 건강 및 안전관리, 지도역량, 프로그램 운영 및 관리, 생활 스포츠지도사 현장실습 등)를 이수했습니다.

5단계

현장실습
현장실습으로 티칭 시험 통과 후 '생활 스포츠지도사 2급(골프)'을 취득하였습니다.

구 성

"생활 스포츠지도사(골프) 실기/구술 파트의 주요 특징"

PART 03   생활 스포츠지도사 골프 실기 깨기

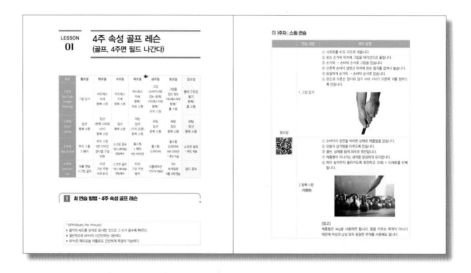

실기 준비 전 골프의 기초부터 갖추고 싶다면
- 현 AI 교수가 구성한 '골프, 4주면 필드 나간다' 속성 골프 레슨 프로그램 수록
- QR코드로 어려운 동작도 쉽게 영상으로 확인 가능

실전 실기 대비

• 사진과 도표로 실기시험장 코스를 한눈에 파악 가능
• 야디지 북을 활용한 홀별 공략법 수록

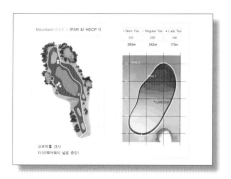

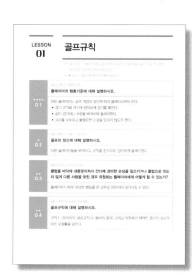

• 오디오북(AI MP3) 제공
• 합격자의 비법 노트를 기반으로 제작
• 출제 빈도수 표기(★ 1~4단계) 중복 기출문제를 제거하고 빈출문항만 선별
• 가장 많은 기출문제 수록(385제)
• 출제 영역별로 문제 정리
• "골프규칙"은 R&A(영국왕립골프협회), USGA(미국골프협회) 골프규칙 순서대로 정리
• 해시태그를 활용한 쉽고, 빠른 키워드 확인 가능

CONTENTS

차 례

PART 01

골프 트렌드 깨기

The higher the tee, the higher the handicap.
티가 높으면 높을수록 핸디캡도 높다.

- 진 사라센

LESSON 01

골프 트렌드

1 골프시장 현황

(1) 오프 코스(off-course)의 선호

미국골프재단(NGF)의 조사에 따르면 2021년 만 6세 이상의 미국인 중 골프를 친 사람은 3,750만 명으로 2020년 대비 60만 명이 증가했다. 특별히 눈여겨봐야 할 점은 골프 연습장, 실내 골프 시뮬레이터, 탑 골프(Topgolf)와 드라이브 쉑(Drive Shack)과 같은 **오프 코스(off-course)**에서 골프를 경험해 본 사람의 수가 급격하게 증가하고 있다는 것이다.

오프 코스를 통해 골프에 입문하는 사람이 증가하자 미국골프재단은 이들을 두 그룹(온 코스(on-course only)와 오프 코스(off-course only)만을 선호하는 골퍼)으로 나누어 추적해왔다. 두 그룹의 숫자 차이는 점점 줄어 2021년에 온 코스만을 즐기는 골퍼는 1,260만 명, 오프 코스만을 즐기는 골퍼는 1,240만 명으로 조사됐다. 두 그룹의 숫자는 비슷해졌지만, 오프 코스만을 즐기는 골퍼의 평균 연령이 30세로 온 코스만을 즐기는 골퍼의 평균 연령(45세)보다 15세 낮은 것으로 조사됐다. 젊은 MZ세대 및 여성 골퍼들이 기성세대보다 더 많이 오프 코스를 통해 골프에 입문하고 즐기는 것으로 보인다.

(2) 이터테인먼트(Eatertainment)

이터테인먼트(Eatertainment)는 '먹다'라는 의미의 'Eat'과 '즐기다'라는 뜻의 'Entertainment'가 합성된 용어로 '먹으면서 즐기는 문화'를 의미한다. 미국에서 '이터테인먼트'는 완전히 새로운 콘셉트는 아니다. 1970년대 후반에 처키치즈(Chuck E. Cheese)와 데이브 앤 버스터스(Dave and Buster's)와 같은 오락실(Arcade)에서 식·음료까지 판매하는 개념으로 처음 등장했다. 2000년대 '체험경제'가 성장하면서 그 인기가 높아졌다. 최근 몇 년 동안 음식과 음료가 제공되는 볼링장, 영화관, 드라이빙 레인지와 같은 새로운 개념들이 등장하며 이터테인먼트 시장을 새로운 버전으로 끌어올렸다. 골프 시뮬레이터는 최근 명실상부한 대세 스포츠인 골프가 이터테인먼트의 새로운 강자로 남녀노소 먹고 마시고 즐길 수 있는 문화로 자리 잡게 했다.

글로벌 조사기관 IBIS World에 따르면 코로나19로 주춤했던 미국 골프연습장 및 가족 엔터테인먼트 센터 산업시장 규모가 2022년 175억 7,000만 달러를 기록하며 지난 3년간 연평균 11.6%의 성장세를 보인다. KOTRA 디트로이트 무역관은 최근 미시간주에 골프 시뮬레이터를 갖춘 실내 골프시설인 티타임스(Tee Times)를 오픈한 브랜든 샤야(Brandon Shaya) 씨와 인터뷰를 했다. 샤야 씨는 지역에 이미 두 개의 전통 스포츠바를 운영하던 중 소셜라이팅, 다이닝과 골프를 결합해 골프 애호가뿐만 아니라 비골퍼들까지 함께 즐길 수 있는 실내 골프시설을 시작했다. "소셜 엔터테인먼트의 새로운 기준을 만드는 것이 목표이며, 오픈한 지 얼마 안 되었지만 이미 많은 사람이 방문하는 중"이라고 덧붙였다. 최근 미국 '이터테인먼트'는 핫한 트렌드로 셰프가 만든 식사 메뉴, 칵테일, 크래프트 맥주 등이 특징인 활기찬 스포츠바 분위기에서 골프를 즐길 수 있을 뿐만 아니라 PGA 전문가들에게 지도와 레슨까지 받을 수 있는 공간이다.

(3) 가상 현실 골프 리그

최근 타이거 우즈와 로리 매킬로이가 주축이 되어 TMRW 스포츠(TMRW Sports)라는 벤처기업을 출범했다. 미국 프로골프(PGA)투어와 파트너십으로 새로운 **가상 현실 골프 리그** TGL을 만들겠다고 발표했다. 2025년 개막 예정인 정규 TGL 시즌은 골프 시뮬레이터를 사용한 18홀의 가상 코스에서 2시간 동안 진행될 예정이다. 3명의 선수가 한 팀을 이뤄 총 18명의 선수들이 6개의 팀으로 나뉘어 경쟁하는 방식이 될 것이라고 한다. 아래의 표와 같이 <u>시뮬레이터 골프는 지속적으로 급성장할 것이다.</u> 출처1

출처2

(4) 영향력 있는 골프 업계

골프 시장을 예측하는 87년 역사의 미국골프재단(NGF)이 미국의 영향력 있는 골프업계 100대 기업을 발표했다. 23년 100대 골프 기업에는 잔디와 코스, 비료 관련 업체가 23개로 가장 많았고 용품사가 17개, 미디어와 기술업체 및 골프장 위탁 운영업체가 각각 15개씩, 아디다스, 나이키 골프 등 패션, 액세서리 회사가 12개였다. 출처3

(5) 국내 골프 흐름

국내 골프 이용객 추이는 18~21년까지 뚜렷한 증가세를 보였으나, 22년은 21년과 비교했을 때 확연한 정체 국면을 보였다. 경기권은 정체, 관광지로 유명한 강원권은 소폭 감소, 제주권은 소폭 증가했다. 출처4

(6) 골프존

골프존은 현재 스크린골프 사업과 실내 골프연습장(GDR아카데미), 골프 선수 양성 기관(GLA) 및 골프 방송 미디어 운영, 스크린골프 프로대회 등의 사업 영역을 갖추고 있다. 골프존의 높은 수익성을 지지하는 것은 한층 탄탄해진 고객층이다. 2023년 11월 기준 골프존 회원 수는 486만 명으로 2023년 들어 50만 명 이상 증가해 회원 500만 명 돌파가 초읽기에 들어갔다. 골프존은 코로나19가 본격화한 2020년 회원 수가 321만 명으로 늘었고 2021년(376만 명)과 2022년(436만 명)에도 꾸준한 증가 추세를 보인 바 있다.

골프존 스크린은 2023년 9,400만 라운드로 전년비 6.8% 성장하였으며, 2022년에는 8,800만 라운드, 2021년에는 7,000만 라운드로 2022년에는 무려 전년비 25.7% 성장하였다.

골프존은 2009년 처음 해외에 진출했으며 현재 일본 570개, 중국 210개, 미국 170개, 베트남 50개 등 해외에서 총 1,090개의 스크린 골프 매장을 운영하고 있다. 이에 해외 매출은 2020년 262억 원에서 지난해 750억 원으로 3배 가까이 커졌다.

뉴욕 펠리세이드센터에 입점한 골프존 소셜 1호점은 스포츠펍 형태의 골프 문화공간이다. 아울러 골프존은 미국에 골프 선수 육성 프로그램인 '골프존 레인지'를 도입했다. 2022년 말 미국에 출사표를 던진 이후 골프존의 골프 선수 육성기관인 골프존 레드베터(GLA)의 교육 과정을 활용하고 있다. 출처5

2 합리적인 골프의 생활체육 호황

2020년과 2021년에 걸쳐 야외스포츠인 골프의 경우 전염 위험이 타 스포츠에 비해 적어 골프 계는 코로나 특수로 호황을 누렸고, 생활체육 측면에서도 골프가 큰 주목을 받았던 시기이다. 일례로 '2021 국민 생활체육조사'에서 골프는 생활체육 참여율 5위, 체육 동호회 가입률 1위, 향후 가입희망 체육 동호회 1위, 향후 금전 여유 시 참여희망 운동 종목에서도 1위를 차지하는 기염을 토했다.

위드 코로나 시대에 돌입한 '2022 국민 생활체육조사'에서 골프는 생활체육 참여율 6위, 체육 동호회 가입률 2위, 향후 가입희망 체육 동호회 3위, 향후 금전 여유 시 참여희망 운동 종목 1위를 차지했다. 이 조사 결과를 통해서도 알 수 있듯이 골프는 지금도 여전히 규칙적으로 생활체육을 하는 사람들에게 꽤 큰 비중을 차지하고 있는 운동이며, 향후 참여를 희망하는 주요 종목 중 하나이다.

골프가 향후 시간 여유 시 참여희망 운동 Top 10에 이름을 올리지 못한 반면, 향후 금전 여유 시 참여희망 운동 Top 10에선 1위에 올랐다는 점은 골프 활성화를 위한 해답을 제시한다.

골프장 이용료 인하, 특별 할인혜택 부여, 공공 골프장 확충, 캐디 선택제 도입, 노캐디 골프장 활성화 등 금전적 부담을 줄일 수 있는 대안을 마련하면 골프 활성화에 많은 도움을 주어 골프의 생활체육으로서의 매력을 좀 더 많은 사람들이 느낄 수 있을 것이다. 시설 확충과 제도 개선을 통해 남녀노소 누구나 함께 즐길 수 있는 골프의 매력을 보다 많은 사람이 경험할 수 있기를 바란다.

💡 시간 여유 시 참여희망 운동 종목 Top 5

(단위 : %)

순위	규칙적 체육활동 참여자		규칙적 체육활동 비참여자	
1	수영	9.3	걷기	19.6
2	등산	7.8	수영	10.1
3	걷기	6.0	등산	8.4
4	보디빌딩	5.1	요가, 필라테스, 태보	6.7
5	자전거, 사이클, 산악자전거	4.7	보디빌딩	6.1

출처6

3 로봇 캐디

코로나19가 기승을 부리던 당시 로봇 캐디는 언택트로 안전하게 골프를 즐길 수 있다는 점에서 각광받았다. 골프백을 싣고 골퍼를 추적하며 코스 정보나 앞 팀과의 거리 알림 등 실제 캐디 못지않은 정보를 제공한다는 점에서 이용자들의 만족도 역시 높았다. 또한 캐디피 부담을 낮추고 도보 이동을 통해 운동효과를 극대화할 수 있다는 점 역시 로봇 캐디의 장점 중 하나였다.

로봇 캐디에 대한 골퍼들의 반응이 긍정적으로 나타나면서 최근 마이다스레이크 이천 골프앤리조트는 IT 기술을 도입한 무인 시스템 구축에 박차를 가하고 있다. 로봇 캐디는 물론 키오스크 셀프 체크인, 스마트 락커 시스템, 레스토랑 테이블 오더, 서빙로봇 등을 도입해 다양한 고객 경험과 서비스를 확장해 나간다는 계획이다.

키오스크를 통해 간편하게 예약을 확인하고, 로봇 캐디와 함께 라운드를 즐긴 뒤, 클럽하우스에서 테이블 오더로 음식을 주문하면 로봇이 서빙해주는 방식이다.

LESSON 02 골프 사업 트렌드

골프 연습 시설은 크게 실외 연습장과 실내 연습장으로 나뉜다. 실외 연습장은 공이 날아가는 모습을 볼 수 있고, 넓은 야외 공간에서 운동을 즐길 수 있다. 다만, 여름과 겨울과 같이 덥고 추운 시기에 날씨의 영향을 많이 받는다는 특징이 있다.

실내 연습장은 공이 날아가는 모습을 스크린 화면으로 보여준다. 자신의 스윙 자세, 공이 날아가는 속도, 클럽의 움직임 등 다양한 정보도 확인할 수 있다. 실내 시설 특성상 야외 보다는 답답한 느낌을 받는 골퍼도 있지만 날씨의 영향을 받지 않고 운동을 할 수 있다는 것이 장점이다.

따라서 골프를 처음 시작하거나 자세를 교정하는 목표를 가진 골퍼는 실내 연습장이 좋은 선택지라고 생각한다. 날씨의 영향을 받지 않고 자세를 매 샷 마다 보여주기 때문이다.

1 스크린 골프 연습 시설

(1) 골프존 GDR 골프아카데미 * GDR(Golfzon Driving Range)

골프존에서 연습을 위해 개발한 스크린 시뮬레이터이다. 타석 앞에 놓인 카메라가 공의 움직임을 측정하여 공이 날아가는 모습을 스크린에 구현한다. 연습 시 클럽이 움직이는 방향, 공의 회전량, 공의 속도를 실시간으로 볼 수 있다. 비거리를 기록하고 스윙 자체를 점검하기에 용이하다. 연습장에 15~30타석이 있는 곳이 일반적이다(타석이 많은 곳은 40~50타석이다). 스튜디오 연습장과 다르게 타석 사이 공간이 막혀있지 않아 앞/뒤 타석 이용객의 스윙 모습을 볼 수 있다.

연습을 할 때 촬영된 스윙을 전용 APP에 저장할 수 있고, 추후 변화된 모습을 비교 분석할 수 있다. 자세를 교정하거나 지속적으로 점검하기를 원하는 골퍼에게 좋은 연습 선택지가 될 수 있다. 혼자서 연습하는 스튜디오에 비해 저렴한 편이며 3개월 이용권 등록을 가정할 경우 보편적으로 매월 150,000~200,000원 수준이다.

(2) 카카오VX 프렌즈 아카데미

카카오에서 개발한 스크린 시뮬레이터를 사용하는 연습장이다. 골프존 GDR과 마찬가지로 카메라로 공의 움직임을 측정해 날아가는 모습을 구현한다.

다른 업체의 시뮬레이터와 다르게 카카오 시뮬레이터는 골프공에 점이 찍혀 있는 특징이 있다. 볼의 거리와 방향을 나타내는데 큰 차이가 있지 않으며 마찬가지로 전용 APP을 사용해서 예약과 연습한 데이터를 확인할 수 있다.

골프존의 GDR아카데미와 동일하게 개인연습에 적합하다. 인테리어가 다른 업체와 다르게 아기자기하고 젊은 트렌드의 느낌이 있는 것이 특징이다. 공의 움직임을 구현하는 성능에는 큰 차이가 없다.

(3) SG골프

SG골프에서 개발한 연습용 시뮬레이터 이름은 SGR이다. 골프존, 카카오와 함께 이름이 알려진 골프 스크린 업체다. 성능에는 큰 차이를 느끼지 못하기 때문에 실내 골프 연습장 선택 시 접근성이 편하고, 가격이 저렴한 곳을 확인 후 선택하는 것을 추천한다.

2 골프 스튜디오

골프존 GDR 기기를 사용하는 연습장은 보통 타석 간 공간이 트여 있어 연습장에 많은 사람이 있는 반면 스튜디오 연습장은 막혀 있는 하나의 공간에 혼자서 연습할 수 있다. 조용히 연습하길 원하는 골퍼에게 좋은 선택지가 될 수 있다.

스튜디오는 일반적으로 트랙맨(Trackman)이라는 기기를 사용하며 GDR 골프 연습기기에 비해 클럽의 움직임, 공의 회전량 등 더욱 세밀한 정보를 확인할 수 있으며, 마찬가지로 나의 스윙 모습을 매샷 확인할 수 있다.

장비 가격이 상대적으로 비싸기 때문에 이용료 또한 일반적인 연습장에 비해 가격이 높은 편이다. 일반적으로 1회 이용권 기준으로 30,000원이다.

(1) 더프라자 골프 스튜디오(TPZ)

골프 스튜디오 업체 중 하나이다. 트랙맨을 사용하고 있으며 연습 시 모니터를 통해 전면, 측면 자세를 확인할 수 있다. 다른 스튜디오에 비해 많은 직영, 가맹점을 운영하고 있어 전용 APP으로 이용권을 결제 후 전국 20개 지점을 이용할 수 있다.

(2) 기타 트랙맨 스튜디오

이 외에 트랙맨 장비를 구입해 매장을 운영하는 스튜디오가 있다. 수도권에는 아래와 같은 스튜디오가 있는데, 매장을 개별적으로 운영하는 곳이다.

① 어반 골프 스튜디오 https://www.urbangolfstudio.co.kr/
② 구스트(Goost)
③ 나인플렉스(Nineplex)

전용 앱을 통해 예약을 하거나, 네이버 홈페이지를 통해 예약을 하는 등 다양한 방법을 활용한다. 1회 55분 이용기준 30,000원 정도이다. 이용권 횟수가 증가할수록 회당 가격은 낮아진다. 만약, 자주 이용할 계획이라면 20, 30회 쿠폰 회원권을 구입하는 것도 좋은 방법이 될 수 있다.

3 스포츠센터 및 헬스장 골프 연습 시설

헬스장 이용권을 구매할 경우 골프 이용권을 추가하여 결제하는 경우가 일반적이다. 따라서 앞서 이야기한 연습장 중 가장 저렴하게 이용이 가능하다(장기 회원으로 등록 시 월 100,000원 이하로 이용이 가능하다.

과거에는 시뮬레이터 없이 천으로 된 망에 공을 치는 시설이 대부분이었지만 최근에는 헬스장이 골프존 GDR 기기를 주로 사용하는 추세이다.

헬스와 골프를 함께 이용하는 골퍼에게 저렴한 가격으로 시설을 이용할 수 있는 좋은 선택지라고 볼 수 있다.

4 기타 이색 골프 연습장

(1) 쇼골프

- 주소 및 연락처 : 강서구 하늘길 233(공항동, 쇼골프타운) 3층 (02-2665-7702)
- 영업시간 : 6~24시
- 콘셉트 : 세상에 없던 골프 놀이터
- 가격 : 70분 평일 주중 23,000원, 주말 25,000원 정도
- 특징
  - K팝이 음악이 흘러 나오고, 형형색색의 조명이 반짝이는 인도어 골프연습장
  - 최근 MZ세대 골퍼들이 많이 찾는 장소
  - VIP타석, 커플석, 싱글석 보유
  - 김포공항점(랜드마크)은 김포공항 인근에 위치하여 골프백을 컨베이어벨트를 이용하여 옮기다 보니 여행가는 기분이 들기도 함
- 지점 : 김포공항점(랜드마크), 가양점, 도봉점, 하남점, 강남점, 당진점
- 기타
  - 비대면 키오스크를 통한 타석 예약
    TIP X-GOLF 회원은 타석 할인 가능
  - 야외주차장, 골프샵, 스크린골프장, FS타석, 퍼팅장, 벙커장 등

타석(김포공항점)

타석(김포공항점)

VIP타석/커플석/싱글석(김포공항점)

FS타석(김포공항점)
* 세분화된 데이터 제공

로비(가양점)

스크린골프(가양점)

실외 타석(당진점)

스크린타석(당진점)

(2) 수상 골프 인도어

① 판교 레이크 골프 클럽

- 주소 및 연락처 : 경기 용인 수지 호수로 69 (031-272-8877)
- 영업시간 : 하절기(3~10월) 6~23시, 동절기 (11~2월) 6~22시
- 가격 : 60분 평일 주중 22,000원, 주말 24,000원 정도
- 특징
  - 수도권 최대 규모의 수상골프 연습장
  - 건물 내 레스토랑, 골프샵 등

| 타석 | 페어웨이 |
| 퍼팅장 | 헬스장 |

② 기흥 수상골프 연습장

- 주소 및 연락처 : 경기 용인시 기흥구 공세로 47번길 78(0507-1308-0085)
- 영업시간
  - 6~23시(토/일 ~22시)
  - 하절기(3~11월) 6~23시, 동절기(12~2월) 6~22시
- 가격
  - 평일(60분) 15,000원, 주말/공휴일(50분) 15,000원 정도
  - 어프로치 연습장(60분) 매시 정각 입장 14,000원
- 특징
  - 야외 어프로치 연습장 보유   *15m 이상 금지
  - 인도어 타석이 답답할 때 기분전환 겸 호수 위로 볼을 시원하게 치고 싶을 때 찾는 장소
  - 스크린 타석에서 타석 앞, 옆, 예상거리, 볼 스피드 확인 가능
- 기타
  - 주변 기흥 호수공원이 있어 산책 가능
  - 기흥 주변 맛집이 많음

호수에서 바라본 전경	타석에서 바라본 전경
스크린 타석	스크린 타석 세부 화면

출처9

PART 02

골프 자격증 깨기

Resolve never to quit, never to give up,
no matter what the situation.
어떤 상황에서도 절대로 포기하지 마라.
결코 그만두지 않겠다고 결심하라.

- 잭 니클라우스

LESSON 01 생활 스포츠지도사 골프

1 시험 안내

(1) 생활 스포츠 지도사란? (골프)

"스포츠지도사"란 학교·직장·지역사회 또는 체육단체 등에서 체육을 지도할 수 있도록 국민체육진흥법에 따라 해당 자격을 취득한 사람을 말한다.

(2) 응시자격

응시자격	취득절차
① 18세 이상인 사람	필기 + 실기 + 구술 + 연수(90시간)
② 2급 생활 스포츠지도사 자격을 가지고 보유한 자격 종목이 아닌 다른 종목의 자격을 취득하려는 사람 　* 폭력예방교육 : 스포츠윤리센터의 성폭력 등 폭력 예방교육 (3시간)	실기 + 구술 + 폭력예방교육
③ 해당 자격 종목의 유소년 또는 노인 스포츠지도사 자격을 가지고 동일한 종목의 자격을 취득하려는 사람	구술 + 연수(40시간)
④ 2급 장애인 스포츠지도사 자격을 가지고 보유한 자격 종목이 아닌 다른 종목의 자격을 취득하려는 사람	실기 + 구술 + 연수(40시간)
⑤ 유소년 또는 노인 스포츠지도사 자격을 가지고 보유한 자격 종목이 아닌 다른 종목의 자격을 취득하려는 사람	실기 + 구술 + 연수(40시간)

* 2급 생활 스포츠지도사를 기준으로 작성
* 생활 스포츠지도사는 65개(동계 스키포함) 자격 종목 보유

(3) 시험일정

	원서접수	시험일	합격자 발표
필기시험	3월	4월	5월
실기 및 구술시험	6월	6~7월	7월
연수(일반수업 및 실습)	7월	8~10월	
최종합격자 발표			12월

(4) 시험 합격기준

시험 종류	시험과목	합격기준
필기	(7과목 중 5과목 선택) 스포츠교육학 스포츠사회학 스포츠심리학 스포츠윤리 운동생리학 운동역학 한국체육사	과목별 40점 미만(과락), 전과목 총점 60점 이상 ※ 5과목 평균 60점이 넘어도 한 과목이라 도 40점 미만이면 과락임
실기 및 구술	센추리21CC 마운틴코스 9홀 (강원도 원주시 문막읍 궁말길 193) * 실기시험 당일 곧바로 구술시험 시행	실기 및 구술시험 각 70점 이상
연수	전국 27개 연수기관을 통해 연수태도, 체육지도, 현장실습	연수과정 90% 이상 참석, 연수태도, 체육 지도, 현장실습 각 60점 이상

* 자세한 시험정보(일정, 자격, 출제기준)는 국민체육진흥공단 체육지도자 홈페이지(https://sqms.kspo.or.kr/index.
  kspo)를 참고하시기 바랍니다.

2 실기 및 구술시험

[1] 실기시험

① **실기시험 장소** : 센추리21CC 마운틴코스 9홀(강원 원주시 문막읍 궁말길 193)
② **실기시험** : 6H Par 23 스트로크 플레이
③ **실기시험 합격기준**

구분	심사기준	컷오프 타수
2급 전문	6H Par 23기준 24타(+1) 이하 합격	#3번 홀 기준 16타(+4) 이상
1급 생활	6H Par 23기준 25타(+2) 이하 합격	#3번 홀 기준 17타(+5) 이상
2급 생활 유소년 노인	6H Par 23기준 27(+4) 이하 합격	#3번 홀 기준 19타(+7) 이상

* 실기시험 불합격(합격 기준 타수 초과) 했을 경우라도 본인의 선택에 따라 구술시험에 응시할 수 있으며 구술시험 점수는 실시시험 합격 여부에 영향을 미치지 않는다.

* 구술시험 응시자는 실기시험 종료(#6번 홀아웃) 후 20분 내 구술시험 대기장소로 이동하여 응시 여부를 알려야 하며, 20분이 지났을 경우 구술시험 응시를 하지 않는 것으로 간주한다.

[실기시험장 예상 도식도 : 센추리21CC(마운틴 코스)]

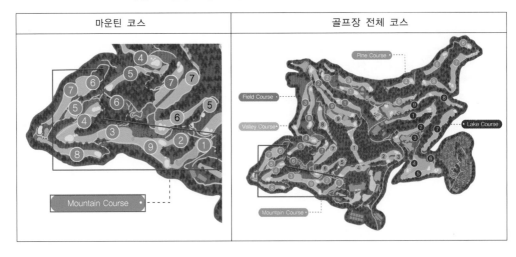

(2) 구술시험

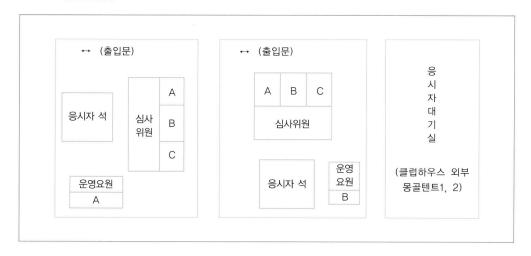

① **규정 2문제(40점), 지도방법 2문제(40점), 태도(20점)**

　　* 구성된 구술시험 패키지 중 응시자 본인이 번호를 추첨한 후 시험위원과의 질의에 대한 답변으로 평가된다.

② **합격기준 : 70점 이상(100점 만점)**

　　* 시험위원 3명의 평균 점수

　　※ **최종합격은 실기시험과 구술시험 모두를 합격하여야 한다.**

영역	배점	분야
규정	40점	규칙, 용어
지도방법	40점	기술, 이론
태도	20점	질문이해, 내용표현(목소리), 자세·신념, 복장·용모

* 위 내용은 구술검정 준비에 도움을 주기 위한 범위이며, 위 내용 외에 추가로 범위를 선정하여 검정할 수 있음

③ **구술 시험장 : 응시자 대기실은 클럽하우스 외부에 설치되어 있음**

[3] 기타

① **실시시험 접수 시 시설사용료** : 실기시험 응시자는 실기시험 당일 클럽하우스 접수 데스크에서 신분증, 수험표 확인 후 시설사용료(약 7만 원)를 별도로 납부하여야 한다.

② **실시시험 적용규칙** : 대한골프협회 및 R&A가 승인한 골프규칙 및 실기검정위원회가 정한 로컬룰 기준

③ **사용 구(Ball)** : R&A에서 발행하는 현행 적격 골프 볼 리스트에 등재된 것만 가능하며, 위반 시 실격

    * 공인구 확인 : 대한골프협회(www.kgagolf.or.kr) 메인화면 공인용품 조회에서 확인 가능

④ **사용 티마커** : 남자 White, 여자 Red

⑤ **조편성 및 출발시간**

- 조편성 및 출발시간은 실기검정일 전에 사전 공지한다.
- 실기시험 응시자가 출발시간에 늦었지만 자기 출발시간으로부터 **5분 이내 준비를 마치고 출발지점에 도착하면 실격 대신 첫 홀에서 일반 페널티(2벌타)를 받고 실기시험에 응시할 수 있다. 또한, 실기시험 면제를 받고 구술시험에 응하는 수험생은 기재된 시험시간 이후에 도착 시 구술시험에 응시할 수 없다.**

⑥ **지원자 준비물**

- 골프용품(골프클럽, 볼, Tee, 티마커, 장갑, 펜 등)
- 복장(단정한 골프웨어)
- 응시서류(미소지자 시험장 입장 불가)
- 신분증 : 주민등록증(주민등록발급신청확인서), 기간만료 전의 여권·운전면허증, 장애인등록증(복지카드), 공무원증, 국가유공자증, 외국인등록증(유효기간 내)

    ※ 신분증 미소지자 시험 응시 제한

⑦ **거리측정기 사용 여부** : GPS형, 레이저형, 슬로프 기능 사용 가능(워치형 거리측정기는 불가)

⑧ **수험자 이동 동선**

	① 응시자 확인처	② 클럽하우스 카운터	③ 클럽하우스 통과
실기 응시자	클럽하우스 로비 (본인 확인)	시설사용료 납부 (약 7만 원)	스타트광장 앞 카트
실기 면제자		없음	스타트광장 옆 구술시험 대기장

* 자세한 시험정보(일정, 자격, 출제기준)는 대한골프협회 홈페이지(www.kgagolf.or.kr) 및 국민체육진흥공단(https://www.kspo.or.kr)을 참고하시기 바랍니다.

개념⁺

2급 전문 스포츠지도사 자격증 보유 시, 유소년 스포츠지도사/노인 스포츠지도사 자격증 취득 시 '특별과정(필기 면제, 실기 면제)' 신청하여 구술과 연수만 받고 자격증을 추가로 취득할 수 있다.
단, 동일한 종목의 자격만 가능!

- 2급 전문 스포츠지도사 골프 자격증을 보유하고 있다면 유소년 스포츠지도사/노인 스포츠지도사의 골프를 지원하면 필기와 실기가 면제되며, 구술과 연수만 받으면 된다.
- 2급 전문 스포츠지도사 헬스 자격증이 있다면, 유소년 스포츠지도사/노인 스포츠지도사 자격증 취득 시 필기는 면제되며 실기/구술/연수만 받으면 된다.

개념⁺ **생활 스포츠지도사 자격 종목(65개)**

1. 동계(1개 종목) : 스키
2. 하계(64개 종목)
   검도, 게이트볼, 골프, 국학기공, 궁도, 농구, 당구, 댄스스포츠, 등산, 라켓볼, 럭비, 레슬링, 레크리에이션, 배구, 배드민턴, 보디빌딩, 복싱, 볼링, 빙상, 사격, 세팍타크로, 소프트볼, 소프트테니스, 수상스키, 수영, 스쿼시, 스킨스쿠버, 승마, 씨름, 아이스하키, 야구, 양궁, 에어로빅, 오리엔티어링, 요트, 우슈, 윈드서핑, 유도, 육상, 인라인스케이트, 자전거, 조정, 족구, 주짓수, 줄넘기, 철인3종경기, 체조, 축구, 치어리딩, 카누, 탁구, 태권도, 택견, 테니스, 파크골프, 패러글라이딩, 펜싱, 풋살, 플로어볼, 하키, 합기도, 핸드볼, 행글라이딩, 힙합
   ※ 상기 종목은 변동 가능함

LESSON 02
유소년 스포츠지도사 골프

1 시험 안내

(1) 유소년 스포츠지도사(골프)란?

"유소년 스포츠지도사"란 유소년(3세부터 중학교 취학 전까지)의 행동양식, 신체발달 등에 대한 지식을 갖추고 해당 자격 종목에 대하여 유소년을 대상으로 체육을 지도하는 사람을 말한다.

(2) 응시자격

18세 이상으로 각 요건 중 어느 하나에 해당되는 자격구비 및 서류 제출

응시자격	취득절차
① 18세 이상인 사람	필기 + 실기 + 구술 + 연수(90시간)
② 학교체육교사(학교체육교사였던 사람 포함)로서 「초, 중등교육법」 별표2에 따른 중등학교 정교사(1급, 2급) 또는 준교사 자격(체육 과목)을 가지고, 같은 법 제2조에 따른 학교에서 체육교사로 재직하면서 해당 자격 종목의 지도경력이 3년 이상일 것	실기 + 구술 + 연수(40시간)
③ 유소년스포츠지도사 자격을 가지고 보유한 자격 종목이 아닌 다른 종목의 자격을 취득하려는 사람 * 폭력예방교육 : 스포츠윤리센터의 성폭력 등 폭력 예방교육 (3시간)	실기 + 구술 + 폭력예방교육
④ 해당 자격 종목의 전문 또는 생활 스포츠지도사 자격을 가지고 동일한 종목의 자격을 취득하려는 사람	구술 + 연수(40시간)
⑤ 해당 자격 종목의 노인 스포츠지도사 자격을 가지고 동일한 종목의 자격을 취득하려는 사람	구술 + 연수(40시간)

⑥ 2급 생활 스포츠지도사 자격을 가지고 보유한 자격 종목이 아닌 다른 종목의 자격을 취득하려는 사람	실기 + 구술 + 연수(40시간)
⑦ 2급 장애인 스포츠지도사 자격을 가지고 보유한 자격 종목이 아닌 다른 종목(국민체육진흥법시행령 별표1 제3호의 비고*에서 다른 종목으로 보는 경우를 포함)의 자격을 취득하려는 사람 * 장애인 스포츠지도사가 생활, 유소년 또는 노인 스포츠지도사 자격을 취득하려는 경우 보유한 자격 종목명과 취득하려는 자격 종목명이 같은 경우 다른 종목으로 본다.	실기+구술+연수(40시간)
⑧ 노인 스포츠지도사 자격을 가지고 보유한 자격 종목이 아닌 다른 종목의 자격을 취득하려는 사람	실기 + 구술 + 연수(40시간)

※ 동계종목(스키)의 경우 실기시험 및 구술시험 합격자만 필기시험에 응시할 수 있습니다.

(3) 시험일정

	원서접수	시험일	합격자 발표
필기시험	3월	4월	5월
실기 및 구술시험	6월	6~7월	7월
연수(일반수업 및 실습)	7월	8~10월	
최종합격자 발표			12월

(4) 시험 합격기준

시험 종류	시험과목	합격기준
필기	① 필수(1과목) : 유아체육론 ② 선택(7과목 중 4과목 선택) 　스포츠교육학, 스포츠사회학, 스포츠심리학, 스포츠윤리, 　운동생리학, 운동역학, 한국체육사	과목별 40점 미만(과락), 전과목 총점 60점 이상 ※ 5과목 평균 60점이 넘어도 한 과목이라도 40점 미만이면 과락임

시험 종류	시험과목	합격기준
자격 종목 (62개 종목)	① 동계(1개 종목) : 스키 ② 하계(61개 종목) 검도, 게이트볼, 골프, 궁도, 농구, 당구, 댄스스포츠, 등산, 라켓볼, 럭비, 레슬링, 레크리에이션, 배구, 배드민턴, 보디빌딩, 복싱, 볼링, 빙상, 사격, 세팍타크로, 소프트테니스, 수상스키, 수영, 스쿼시, 스킨스쿠버, 승마, 씨름, 아이스하키, 야구, 양궁, 에어로빅, 오리엔티어링, 요트, 우슈, 윈드서핑, 유도, 육상, 인라인스케이트, 자전거, 조정, 족구, 줄넘기, 철인 3종 경기, 체조, 축구, 카누, 탁구, 태권도, 택견, 테니스, 파크골프, 패러글라이딩, 펜싱, 풋살, 플라잉디스크, 플로어볼, 피구, 하키, 합기도, 핸드볼, 행글라이딩	실기 및 구술시험 각 70점 이상 (유소년 발육 및 발달단계에 따른 지도방법 포함)
	* 계절 영향이 없는 동계종목(빙상, 아이스하키, 컬링 등)은 하계종목에 포함 * 전문 스포츠지도사가 생활 스포츠지도사, 유소년 스포츠지도사 또는 노인 스포츠지도사 자격을 취득하려는 경우 사이클과 자전거, 산악과 등산, 수중과 스킨스쿠버, 트라이애슬론과 철인 3종 경기는 동일한 종목으로 본다. * 국민체육진흥법 시행령 별표1 제3호의 비고 : 장애인 스포츠지도사가 생활 스포츠지도사, 유소년 또는 노인 스포츠지도사 자격을 취득하려는 경우 보유한 자격 종목명과 취득하려는 자격 종목명이 같은 경우 다른 종목으로 본다.	
연수	전국 5개 연수기관 (중앙대, 경남대, 호서대, 광주대, 가톨릭관동대)	연수과정 90% 참석, 연수태도, 체육지도, 현장실습 각 60점 이상

* 자세한 시험정보(일정, 자격, 출제기준)는 국민체육진흥공단 체육지도자 홈페이지(https://sqms.kspo.or.kr/index.kspo)를 참고하시기 바랍니다.

LESSON 03

노인 스포츠지도사 골프

1 시험 안내

(1) 노인 스포츠지도사란?

"노인 스포츠지도사"란 노인의 신체적, 정신적 변화 등에 대한 지식을 갖추고 해당 자격 종목에 대하여 노인을 대상으로 생활체육을 지도하는 사람을 말한다.

(2) 응시자격

18세 이상으로 각 요건 중 어느 하나에 해당되는 자격구비 및 서류 제출

응시자격	취득절차
① 18세 이상인 사람	필기 + 실기 + 구술 + 연수(90시간)
② 노인 스포츠지도사 자격을 가지고 보유한 자격 종목이 아닌 다른 종목의 자격을 취득하려는 사람 * 폭력예방교육: 스포츠윤리센터의 성폭력 등 폭력 예방교육 (3시간)	실기 + 구술 + 폭력예방교육
③ 해당 자격 종목의 전문스포츠지도사 또는 생활 스포츠지도사 자격을 가지고 동일한 종목의 자격을 취득하려는 사람	구술 + 연수(40시간)
④ 해당 자격 종목의 유소년 스포츠지도사 자격을 가지고 동일한 종목의 자격을 취득하려는 사람	구술 + 연수(40시간)
⑤ 2급 생활 스포츠지도사 자격을 가지고 보유한 자격 종목이 아닌 다른 종목의 자격을 취득하려는 사람	실기 + 구술 + 연수(40시간)

응시자격	취득절차
⑥ 2급 장애인 스포츠지도사 자격을 가지고 보유한 자격 종목이 아닌 다른 종목(국민체육진흥법시행령 별표1 제3호의 비고* 에서 다른 종목으로 보는 경우를 포함)의 자격을 취득하려는 사람 * 장애인 스포츠지도사가 생활, 유소년 또는 노인 스포츠지도사 자격을 취득하려는 경우 보유한 자격 종목명과 취득하려는 자격 종목명이 같은 경우 다른 종목으로 본다.	실기 + 구술 + 연수(40시간)
⑦ 유소년 스포츠지도사 자격을 가지고 보유한 자격 종목이 아닌 다른 종목의 자격을 취득하려는 사람	실기 + 구술 + 연수(40시간)

* 동계종목(스키)의 경우 실기시험 및 구술시험 합격자만 필기시험에 응시할 수 있습니다.

(3) 시험일정

	원서접수	시험일	합격자 발표
필기시험	3월	4월	5월
실기 및 구술시험	6월	6~7월	7월
연수(일반수업 및 실습)	7월	8~10월	
최종합격자 발표			12월

(4) 시험 합격기준

시험 종류	시험과목	합격기준
필기	① 필수(1과목) : 노인체육론 ② 선택(7과목 중 4과목 선택) 스포츠교육학, 스포츠사회학, 스포츠심리학, 스포츠윤리, 운동생리학, 운동역학, 한국체육사	과목별 40점 미만(과락), 전과목 총점 60점 이상 ※ 5과목 평균 60점이 넘어도 한 과목이라도 40점 미만이면 과락임

자격 종목 (60개 종목)	① 동계(1개 종목) : 스키 ② 하계(59개 종목) 검도, 게이트볼, 골프, 국학기공, 궁도, 그라운드골프, 농구, 당구, 댄스스포츠, 등산, 라켓볼, 럭비, 레슬링, 레크리에이션, 배구, 배드민턴, 보디빌딩, 복싱, 볼링, 빙상, 사격, 세팍타크로, 소프트테니스, 수상스키, 수영, 스쿼시, 스킨스쿠버, 승마, 씨름, 아이스하키, 야구, 양궁, 에어로빅, 오리엔티어링, 요트, 우슈, 윈드서핑, 유도, 육상, 인라인스케이트, 자전거, 조정, 족구, 철인3종경기, 체조, 축구, 카누, 탁구, 태권도, 택견, 테니스, 파크골프, 패러글라이딩, 펜싱, 풋살, 하키, 합기도, 핸드볼, 행글라이딩	실기 및 구술시험 각 70점 이상 (노인의 신체적, 정신적 변화에 따른 지도방법 포함)
	* 계절영향이 없는 동계종목(빙상, 아이스하키, 컬링 등)은 하계종목에 포함 * 전문 스포츠지도사가 생활 스포츠지도사, 유소년 스포츠지도사 또는 노인 스포츠지도사 자격을 취득하려는 경우 사이클과 자전거, 산악과 등산, 수중과 스킨스쿠버, 트라이애슬론과 철인 3종 경기는 동일한 종목으로 본다. * 국민체육진흥법 시행령 별표1 제3호의 비고 : 장애인 스포츠지도사가 생활 스포츠지도사, 유소년 스포츠지도사 또는 노인 스포츠지도사 자격을 취득하려는 경우 보유한 자격 종목명과 취득하려는 자격 종목명이 같은 경우 다른 종목으로 본다.	
연수	전국 7개 연수기관 (연세대, 이화여대, 신라대, 대전대, 목포대, 호남대, 가톨릭관동대)	연수과정 90% 참석, 연수태도, 체육지도, 현장실습 각 60점 이상

* 자세한 시험정보(일정, 자격, 출제기준)는 국민체육진흥공단 체육지도자 홈페이지(https://sqms.kspo.or.kr/index.kspo)를 참고하시기 바랍니다.

LESSON 04 파크골프

1 파크골프(Park Golf)

(1) 파크골프의 개요

① 파크골프(Park Golf)란?

파크골프는 공원(Park)과 골프(Golf)를 합성한 말로 공원에서 이야기하며 즐기는 스포츠라는 의미를 가지고 있다. 할아버지와 할머니, 엄마와 아빠, 자녀들이 함께 즐길 수 있어 3세대 스포츠라 불리기도 한다. 파크골프는 일종의 '미니골프'인데 축구장 정도의 공원에서 즐길 수 있는 골프이기 때문이다.

Park(공원) + Golf(골프) : 골프를 재편성한 스포츠

② 파크골프의 탄생

1983년 일본 북해도 마쿠베츠 강가의 진달래 코스로 7홀의 간이 파크골프장에서 처음 시작되었다.

③ 국내 도입

대한민국 파크골프의 최초는 진주 상락원 6홀 2004년 서울 여의도 9홀 공식 한강 파크골프장으로 시작되었다.

개념+　**파크골프의 특성**

- 배우기가 쉽다.
- 클럽 1개만 사용하므로 공을 치기가 쉽다.
- 비용이 적게 든다.
- 운동이 많이 된다.
- 자연과 가까이하며 잔디 위를 걷게 된다.
- 타 운동에 비해 신체에 무리가 덜 간다.
- 도시 주변에 위치하여 접근성이 좋다.
- 3세대가 함께 즐길 수 있다.
- 일반 골프와 기대효과가 동일하다.

---

(2) 경기순서

① 티샷(Tee Shot)

- 첫 홀은 추첨으로 순서를 결정한다(가위 바위 보로 결정하기도 한다).
- 두 번째 홀부터는 앞 홀에서 성적이 좋은 사람 먼저 경기한다.
- 같은 홀에서 동점자가 있을 경우 앞 홀 순서대로 다음 홀에 경기한다.

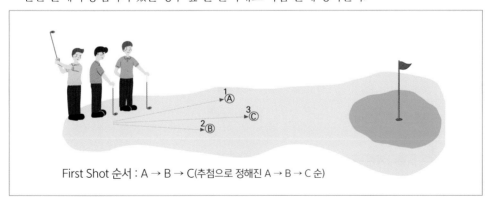

First Shot 순서 : A → B → C(추첨으로 정해진 A → B → C 순)

② 세컨드 샷(Second Shot)

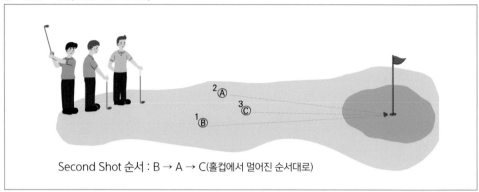

Second Shot 순서 : B → A → C(홀컵에서 멀어진 순서대로)

(3) 파크골프와 골프의 차이점

	파크골프	골프
예약방법	당일 현장접수 가능	사전예약 필수
경기인원	4인 1조	4인 1조
그린피	1만원 내외	10만 원 이상 * 비수기
카트비	–	10만 원 이상
캐디피	–	15만 원 이상
최대 보유클럽	1개(86cm 이하)	14개
볼 크기 및 중량	직경 6cm 80~95g	직경 4.27cm 45.93g
볼 재질	플라스틱(부드러움)	딱딱함
9홀 코스구성	PAR 3홀 4개 PAR 4홀 4개 PAR 5홀 1개	PAR 3홀 2개 PAR 4홀 5개 PAR 5홀 2개
9홀 합계 기준타수	33타	36타
벌타기준	모두 2벌타	상황별 1~2벌타
퍼팅 시 깃대 고정 여부	깃대 고정	깃대 고정 or 뽑거나

2 생활 스포츠지도사(파크골프)

시험 안내는 LESSON 01 생활 스포츠지도사를 참고하세요.

(1) 실기시험

① **시험장소** : 화천 산천어파크 골프장 1구장, 2구장(강원도 화천군 하남면 춘화로 3061-17)

② **실기시험**

- 경기기술 40점(티샷, 어프로치샷, 벙커샷, 퍼팅)
- 18홀 스트로크 플레이

③ **1급 생활 스포츠지도사**

영역	내용	평가기준
항목평가 (40점)	1. 티샷(10점)	① 남자는 60m, 여자는 40m 이상 비거리를 내며 페어웨이에 안착 여부 ② 5회 실시하여 1회 성공 시마다 2점씩 점수 획득
	2. 어프로치샷(10점)	① 깃대로부터 25m 거리에서 샷하여 깃대주변 반경 3m 원 안에 안착 여부 ② 5회 실시하여 1회 성공 시 마다 2점씩 점수 획득
	3. 벙커샷(10점)	① 깃대로부터 5m 거리에 있는 벙커 또는 러프지역에서 깃대주변 반경 2m 원 안에 안착 여부 ② 5회 실시하여 1회 성공시마다 2점씩 점수 획득
	4. 퍼팅(10점)	① 깃대로부터 2m 거리에서 홀컵에 컵인 여부 ② 5회 실시하여 1회 성공 시마다 2점씩 점수 획득
경기기술 (60점)	18홀 라운드	① 18홀 66타를 기준하여 해당 타수별 점수 부여 • 53타 이내 : 60점 획득 • 54타 : 55점 획득 • 55타 : 50점 획득 • 56타 : 45점 획득 • 57타 : 40점 획득 • 58타 : 35점 획득 • 59타 : 30점 획득 ② 60타 이상이면 0점 처리

④ 2급 생활, 유소년, 노인 스포츠지도사

영역	내용	평가기준
항목평가 (40점)	1. 티샷(10점)	① 남자는 60m, 여자는 40m 이상 비거리를 내면서 페어웨이에 안착 여부 ② 5회 실시하여 1회 성공 시마다 2점씩 점수 획득
	2. 어프로치샷(10점)	① 깃대로부터 25m거리에서 샷하여 깃대주변 반경 3m 원 안에 안착 여부 ② 5회 실시하여 1회 성공 시마다 2점씩 점수 획득
	3. 벙커샷(10점)	① 깃대로부터 5m 거리에 있는 벙커 또는 러프 지역에서 깃대주변 반경 2m 원 안에 안착 여부 ② 5회 실시하여 1회 성공 시마다 2점씩
	4. 퍼팅(10점)	① 깃대로부터 2m거리에서 홀컵에 컵인 여부 ② 5회 실시하여 1회 성공 시마다 2점씩 점수 획득
경기기술 (60점)	18홀 라운드	① 18홀 66타를 기준하여 해당타수 별 점수 부여 • 56타 이내 : 60점 획득 • 57타 : 55점 획득 • 58타 : 50점 획득 • 59타 : 45점 획득 • 60타 : 40점 획득 • 61타 : 35점 획득 • 62타 : 30점 획득 ② 63타 이상이면 0점 처리

(2) 구술시험

① 시행방법

- 규정 2개(40점), 지도방법 2개(40점), 태도(20점)
- 지원자가 영역별로 문제지를 추첨하여 실시

② 합격기준 : 70점 이상(100점 만점)

영역	배점	분야
규정	40점	시설/설치물, 경기규칙, 용구, 용어
지도방법	40점	지도방법
태도	20점	질문이해, 내용표현(목소리), 자세·신념, 복장·용모

* 자세한 시험정보(일정, 자격, 출제기준)는 (사)대한파크골프협회 홈페이지(http://kpga7330.com)를 참고하시기 바랍니다.

LESSON 05 그라운드골프

1 그라운드골프(Ground Golf)

(1) 그라운드골프의 개요

① 그라운드골프(Ground Golf)란?

골프를 변형한 스포츠로 고도의 기술을 요하지 않고, 규칙도 간단하여 누구나 참여가 가능하고 초심자도 즐길 수 있는 스포츠다.

② 그라운드골프의 탄생

1980년대 일본 오사카 교육대학의 시마자키 교수와 돗도리현 생활체육 전문위원회에 의해 창안되었다. 기존 골프의 개념을 바탕으로 게임의 특징을 고안, 용구의 개발 및 용어, 규칙 등을 정립하였다.

③ 국내 도입

우리나라는 1990년대부터 경주를 비롯한 전국 지역에서 그라운드골프를 도입하여 즐기기 시작했다. 2005년 전국 그라운드골프연합회가 창립하면서 공식 스포츠로 자리 잡기 시작하였다.

개념⁺ **그라운드골프의 특징**

- 규칙(Rule)이 간단하다
- 시간의 제한이 없다.
- 경기인원에 제한이 없다.
- 고도의 경기기술이 없어도 할 수 있다.

---

(2) 경기 방식

① 개인 장비인 클럽과 볼을 소지한 경기자 6명이 한 조를 이루어 게임을 하며, 축구장 하나 크기의 운동장에 최대 200명이 함께 경기에 참여할 수 있다.

② 경기장

50m, 30m, 25m, 15m를 각각 2홀씩 총 8홀로 구성하며, 골프와 달리 직경 360㎜의 홀포스트를 설치한다.

③ 클럽

헤드의 볼을 치는 면은 경사가 되어 있지 않아야 하며, 재질은 목재, 카본, 합성수지 등으로 제작되어야 한다.

④ 볼

합성수지로 만든 직경 60mm, 무게 75~95g의 공인된 용구를 사용한다.

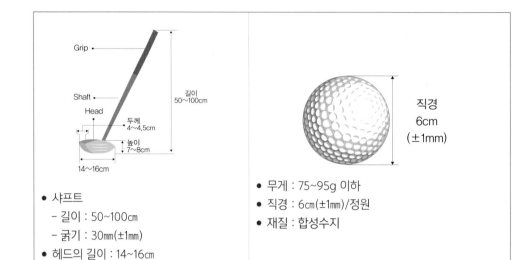

- 샤프트
  - 길이 : 50~100㎝
  - 굵기 : 30㎜(±1㎜)
- 헤드의 길이 : 14~16㎝
- 헤드의 폭 : 7~8㎝ / 4~4.5㎝

- 무게 : 75~95g 이하
- 직경 : 6㎝(±1㎜)/정원
- 재질 : 합성수지

⑤ 골프와 같이 1번 홀에서 8번 홀까지의 2라운드 합계 최저타수 순으로 승리를 결정하는 스트로크 매치가 일반적으로 통용되며, 시간과 장소, 참여자의 합의에 따라 홀 매치, 파 플레이 매치, 포썸 등 다양한 방식이 있다.

⑥ **표준코스**

표준코스는 총 8홀(아웃코스 4홀과 인코스 4홀)로 구성되며, 경기장의 여건에 따라 응용코스를 활용할 수 있다.

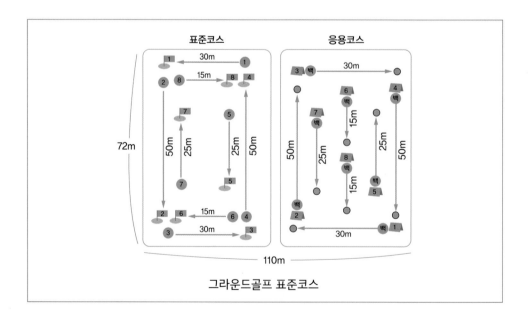

그라운드골프 표준코스

2 노인 스포츠지도사(그라운드골프)

시험 안내는 LESSON 03 노인 스포츠지도사를 참고하세요.

(1) 실기시험

① 개요
- 시험대상 : 노인 생활 스포츠지도사
- 시험장소 : 진주 상대 그라운드 골프장(경남 진주시 상대동 821-2)

② 기술분류·평가기준
- "기술 분류표"에서 평가에 필요한 **필수 세부기술(5개 이상) 선정**
  (단, 종목특성에 따라 3~10개 항목 평가 가능)
- 선정된 평가항목별 **평가기준** 작성

기술분류

대분류	세부 기술
코스 만들기	표준코스 8홀 홀 포스트 설치하기
타격 방법	정확한 자세로 타격하기
타수기록카드 작성	스트로크매치 타수기록 작성하기
타수기록카드 작성	코리안매치 타수기록 작성하기

🔎 평가기준

영역	내용	평가기준
코스 만들기 (25점)	표준코스 8홀 홀포스트 설치하기	① 표준코스 8홀(아웃코스4홀, 인코스4홀)에 홀포스트를 정확하게 설치할 수 있는가? ② 홀포스트 방향을 바르게 설치하는가? ③ 코스방향을 알고 있는가?

평가	등급	득점
표준코스 8홀을 정확한 위치에 설치하고 홀포스트 방향을 바르게 설치함	A	25
표준코스 8홀은 정확한 위치에 설치하나 홀포스트 방향을 다르게 설치함	B	20
아웃코스 4홀, 인코스 4홀 중 한 가지만 설치할 수 있음	C	15
아웃코스, 인코스 코스방향을 알지 못함	D	10
설치방법을 모르거나 시간 내 설치 못함	E	5

영역	내용	평가기준
타격 방법 (25점)	정확한 자세로 타격하기	① 그라운드골프채를 잡는 손모양이 정확한가? ② 볼과 발 위치는 정확한가? ③ 타격기술 7단계를 알고 타격할 수 있는가?

평가	등급	득점
손 모양과 볼과 발위치가 정확하고 타격기술 7단계를 알고 타격함	A	25
그라운드골프채를 잡는 손 모양만 부적절함	B	20
손 모양, 볼과 발 위치가 부적절함	C	15
타격기술 7단계가 정확하지 않고 자연스럽지 못함	D	10
기본자세를 모르거나 모션을 취할 수 없음	E	5

영역	내용	평가기준

영역	내용	평가기준		
타수 기록 카드 작성 (25점)	스트로크매치 타수기록 작성하기	① 스트로크매치 타수기록카드를 작성할 수 있는가? ② 총점을 계산할 수 있는가? ③ 홀인원 점수 공제가 정확하였는가? ④ 2타수 기록을 정확하게 했는가? ⑤ 제한시간(추후 공지) 안에 완료하였는가?		

		평가	등급	득점
		점수, 총점, 홀인원수, 2타수를 정확하게 기록함	A	25
		점수, 총점, 홀인원수, 2타수 중 한 가지를 작성 못하거나 틀림	B	20
		점수, 총점, 홀인원수, 2타수 중 두 가지를 작성 못하거나 틀림	C	15
		점수, 총점, 홀인원수, 2타수 중 세 가지를 작성 못하거나 제한시간(추후 공지) 안에 작성하지 못함	D	10

영역	내용	평가기준		
타수 기록 카드 작성 (25점)	코리안매치 타수기록 작성하기	① 코리안매치 타수기록카드를 작성할 수 있는가? ② 총점을 계산할 수 있는가? ③ 홀인원 점수 공제가 정확하였는가? ④ 2타수 기록을 정확하게 했는가? ⑤ 제한시간(추후 공지) 안에 완료하였는가?		

		평가	등급	득점
		점수, 총점, 홀인원수, 2타수를 정확하게 기록함	A	25
		점수, 총점, 홀인원수, 2타수 중 한 가지를 작성 못하거나 틀림	B	20
		점수, 총점, 홀인원수, 2타수 중 두 가지를 작성 못하거나 틀림	C	15
		점수, 총점, 홀인원수, 2타수 중 세 가지를 작성 못하거나 제한시간(추후 공지) 안에 작성하지 못함	D	10

[2] 구술시험

① 규정 2개(40점), 지도방법 2개(40점), 태도(20점)
    * 지원자가 영역별로 문제지를 추첨

② 합격기준 : 70점 이상(100점 만점)

영역	배점	분야
규정	40점	시설/도구, 경기운영, 반칙/페널티, 최신규정
지도방법	40점	도구, 기술, 지도방법
태도	20점	질문이해, 내용표현(목소리), 자세·신념, 복장·용모

* 위 내용은 구술 검정 준비에 도움을 주기 위한 범위이며, 위 내용 외에 추가로 범위를 선정하여 검정할 수 있음

③ 장소운영 예상 도식도

• 조별 코트규격 : 72m × 55m

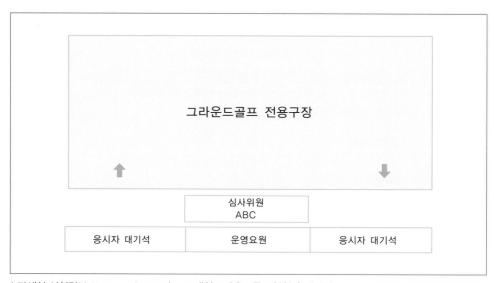

* 자세한 시험정보(일정, 자격, 출제기준)는 (사)대한그라운드골프협회 홈페이지(www.kgga7330.or.kr)를 참고하세요.

LESSON 06

국제 골프 자격증(USGTF)

1 USGTF

(1) USGTF 티칭프로란?

"USGTF 티칭프로"란 United States Golf Teachers Federation의 약자로 **미국골프지도자연맹**에 소속되어 골프를 지도하는 사람을 말한다.

(2) 응시자격

① **1차** : 만 18세 이상인 사람

② **2차** : 1차 실기시험 합격자에 한함

    * 외국인 : 6개월 이상 체류비자 발급자에 한함(증빙서류 제출)

(3) 시험개요

시험	내용	응시료
1차 (실기)	• <u>시험기간(1일)</u> 동안 Playing Ability Test(18홀) 　– 온라인 접수 시 참가신청서, 클럽 및 장비리스트 제출 　– 그린피, 카트비, 캐디비는 대회 당일 개인 부담 　– 조 편성은 실기시험 당일 공지 　– 1차 시험 합격 유효기간 1년 　– 복장은 칼라가 있는 셔츠와 긴 바지 골프웨어로 한정(**트레이닝복 제외**)하며, 셔츠는 반드시 바지 안으로 넣어 단정하게 착용(**컬러는 녹색 계열의 위장무늬 제외**)	30만 원
2차 (이론)	• <u>시험기간(4일)</u> 동안 이론, 골프 룰, 스윙기술, 구술 및 면접테스트 　– 참가신청서 1부, 사진 1장 　– 2차 교육 이수 및 테스트 합격자만 정회원 자격 부여	170만 원

(4) 시험 합격기준

① 1차 실기시험

성별	연령	합격기준
남자	일반부(A) 만 18~39세	(18홀) 77타 이하(White tee)
	일반부(B) 만 40~49세	(18홀) 79타 이하(White tee)
	장년부 만 50세 이상	(18홀) 82타 이하(White tee)
여자	제한 없음	(18홀) 82타 이하(Red tee)

* 연령기준은 경기 당일로 환산

* 시험에 사용할 클럽은 USGA와 R&A가 인정하는 공인클럽만 사용 가능하며, 사전에 위원회 확인 및 사용승인을 받아야 함

* 해당 거리측정기는 사용 불가(시계용, 경사각의 계산이 되는 자동보정 기능제품)

* 전반 9홀 합계 점수가 45타 이상일 경우 즉시 경기종료하며 그린피, 참가비 등 감면 불가

- 대한체육회, 대한골프협회 및 그 산하 골프 단체의 경기실적증명 발급이 가능한 공인대회(엘리트 선수가 참가하는 대회)에서 USGTF의 성별, 연령별 합격기준 타수를 통과한 자
- USGTF에서 인정(주최 또는 후원)하는 골프대회에서 성별, 연령별 합격기준 타수를 통과한 자
  (단, 해당 공인대회는 반드시 연수교육 이전 1년 안에 개최된 대회만 가능)
- 제출서류
  - USGTF-KOREA의 실기 테스트 면제 서류전형 신청서 1부
  - 경기실적 증명서(단, 반드시 상장 사본 등 증빙서류 첨부) 1부
  - 전형료 : 30만 원

② 2차 교육 및 시험

- 1차 실기시험 합격자에 한하여 실시
- 이론교육, 골프 룰, 스윙기술, 구술 및 면접 테스트
- 합격증은 홈페이지를 통해서만 조회 및 출력 가능(우편발송 불가)

TIP

1차 시험을 한번에 합격할 자신이 없거나 본인이 원하는 실기시험장을 놓치고 싶지 않다면 연초에 USGTF Test 일정 확정 시 1~5차까지 사전 접수를 해두는 것이 좋다.
신청비용이 매 차수별 30만 원 + 그린피, 캐디피, 카트비가 별도로 부담되는 금액이긴 하나 이후 남은 금액은 추후 이론교육 비용(170만 원)으로 전환이 가능하기 때문이다.

(5) 생활 스포츠지도사(2급) VS USGTF 차이점

	생활 스포츠지도사(2급)	USGTF
시험 * 1차 시험기준	연 1회(4~5월)	월 1회(4~10월, 5개 권역별) * 5개 권역별 골프장 매년 변경 　(수도권, 중부권, 동부권, 남부권, 호남권)
원서비	• 1차(필기) 3만 원 • 2차(실기 및 구술) 3만 원 • 3차(연수) 20만 원	• 1차(실기) 30만 원/1회 * 1회에 합격 시 • 2차(이론 및 구술) 170만 원 * 그린피, 카트비, 캐디비 별도
정회원 가입 시 입회비 및 연회비	－	• 입회비 : 70만 원 * 24년 기준 • 연회비 : 24만 원 * 라이센스 갱신으로 매년 발생
비고	실기시험 골프장이 한 곳으로 지정되어 있어 선택 불가	시험 골프장이 5개 권역별로 상이하여 본인이 원하는 플레이 스타일의 골프장을 선택하는 것이 가장 유리함

* 자세한 시험정보(일정, 자격, 출제기준 등)는 국민체육진흥공단 체육지도자 및 USGTF 홈페이지를 참고하세요.

골프 티칭 자격증의 모든 것

2급 생활 스포츠지도사

파크골프지도사

그라운드골프지도사

USGTF

PART 03

생활 스포츠지도사 골프 실기 깨기

Golf is a microcosm of life.
골프는 인생의 축소판이다.

– 잭 니클라우스

4주 속성 골프 레슨
(골프, 4주면 필드 나간다)

차수	월요일	화요일	수요일	목요일	금요일	토요일	일요일
1 주차 No Club Image Training	그립 잡기	어드레스 자세 왕복 스윙	어드레스 자세 왕복 스윙	어드레스 자세 왕복/ 하프 스윙	그립 (손바닥으로 잡는 문제) 어드레스자세 왕복/ 하프 스윙	그립을 잡는 힘& 어드레스자세 왕복/ 풀 스윙	몸의 긴장감 풀기 왕복/ 풀 스윙
2 주차 Short Game	칩샷 왕복 스윙	칩샷 (왼쪽 다리로 서서) 왕복 스윙	칩샷 왕복 스윙	퍼팅 칩샷 (거리 조절) 왕복 스윙	퍼팅 칩샷 왕복 스윙	퍼팅 칩샷 왕복 스윙	퍼팅 칩샷 왕복 스윙
3 주차 Touch Ball	하프 스윙 S 웨지	하프 스윙 9번 아이언 경사별 구질 변화	스크린 골프 *동기,재미유발, 멘탈케어	풀스윙 S 웨지 9번 아이언	풀스윙 드라이버	풀스윙 드라이버 9번 아이언 * 루틴 학습	스크린 골프 * 루틴 적용
4 주차 Simulat- ion	18홀 연습 스크린 골프	티샷 그린 주변 어프로치	스크린 골프 *동기,재미유발, 멘탈케어	티샷 그린 주변 벙커	시뮬레이션 * 인도어 연습장	파3 숏게임장 9홀 2회 연습	필드 골프

1 AI 연습 방법 - 4주 속성 골프 레슨

* BPM(Beats Per Minute)
● 음악의 속도를 숫자로 표시한 것으로 그 수가 클수록 빠르다.
● 일반적으로 BPM의 시간단위는 1분이다.
● BPM은 메트로놈 어플로도 간단하게 측정이 가능하다.

[1] 1주차 : 스윙 연습

	연습 내용	세부 설명
월요일 	1. 그립 잡기	① 샤프트를 45도 각도로 세웁니다. ② 왼손 손가락 위치에 그립을 대각선으로 올립니다. ③ 손가락 → 손바닥 순서로 그립을 잡습니다. ④ 오른쪽 손바닥 생명선 위치에 왼손 엄지를 겹쳐서 놓습니다. ⑤ 동일하게 손가락 → 손바닥 순서로 잡습니다. ⑥ 왼손과 오른손 엄지와 검지 사이 V자가 오른쪽 귀를 향하도록 만듭니다.
	2. 왕복 스윙 (케틀벨)	① 손바닥이 정면을 바라본 상태로 케틀벨을 잡습니다. ② 양팔이 삼각형을 이루도록 만듭니다. ③ 골반, 상체를 함께 좌우로 회전합니다. ④ 케틀벨이 지나가는 궤적을 일정하게 유지합니다. ⑤ 허리 높이까지 올라가도록 회전하고 20회 × 10세트를 반복합니다. [참고] 케틀벨은 4kg을 사용하면 됩니다. 힘을 키우는 목적이 아니기 때문에 여성과 남성 모두 동일한 무게를 사용해도 됩니다.

	연습 내용	세부 설명
화요일		**TIP** 볼을 치지 않는 이유 • 볼을 놓게 되면 본능적으로 상체를 이용해 때리는 습관이 생깁니다. • 회전 동작을 강조하기 위해 공을 치지 않고 몸이 돌아가는 움직임을 우선 익히겠습니다.
화요일	1. 어드레스 자세 (볼의 위치)	① 9번 아이언을 잡고 어깨 너비로 발을 11자로 벌려줍니다. ② 9번 아이언의 경우 볼을 양발 사이(중앙)에 놓습니다. ③ 숏아이언 사용 시 볼의 위치가 오른발에 두는 것이 아닌가라는 의문이 있을 수 있습니다. 　그 이유를 설명하는 글은 QR코드를 스캔하여 확인해주세요.
화요일	2. 왕복 스윙 (케틀벨)	① 월요일에 실시한 동작과 동일합니다. ② 케틀벨은 허리 높이까지 올라가도록 회전하고, 템포는 50BPM에 맞춰 좌, 우 왕복합니다. ③ 20회 × 10세트를 반복합니다.
수요일		**TIP** 똑딱이를 건너뛴 이유 • 추후 구력이 쌓여 골프를 치다보면 똑딱이 스윙을 하는 경우는 극히 드뭅니다. • 실전 스윙에 도움이 되는 연습을 강조했습니다. • 하프 스윙 크기로 시작하면 몸이 경직되지 않고 풀스윙을 시작하기에 앞서 자연스러운 움직임을 만들 수 있습니다.
수요일	1. 어드레스 자세 (볼과 몸사이 간격)	① 일관성 있는 샷을 하려면 스윙을 할 때 몸의 중심을 중앙에 유지시켜야 합니다. ② 균형을 잘 잡기 위해서는 체중을 발바닥 중앙에 놓아야 합니다. ③ 어깨 뒤, 무릎, 발 앞볼의 위치가 수직선상에 위치하도록 만들겠습니다.
수요일	2. 왕복 스윙 (케틀벨)	① 20회 × 10세트를 실시합니다. ② 템포를 60BPM으로 설정합니다.

	연습 내용	세부 설명
수요일	3. 왕복 스윙 (배트)	하프 스윙 크기로 20회 × 10세트를 실시합니다.
	TIP 골프 스윙용 배트 비교 ● 배트1 – 무게 : 중간 – 길이 : 중간 – 그립감 : 뛰어남(골프 그립과 동일한 재질) – 가격 : 높음(150,000원) ● 배트2 – 무게 : 무거움 – 길이 : 긺 – 그립감 : 보통(골프 그립과 동일한 재질) – 가격 : 보통(49,000원)	
목요일	1. 어드레스 자세 (스탠스와 몸 정렬)	① 원하는 방향으로 볼을 보내기 위해선 정확하게 몸을 정렬하는 것이 중요합니다. ② 양발, 무릎, 골반, 상체(어깨)가 목표 방향과 평행을 이루도록 만듭니다.
	2. 왕복 스윙 (배트)	① 하프 스윙 크기로 20회 × 10세트를 실시합니다. ② 템포는 50BPM으로 설정합니다.
	3. 하프 스윙 (9번 아이언)	① 공을 치지 않고 9번 아이언으로 스윙합니다. ② 스윙 크기는 하프 스윙입니다. ③ 손의 높이는 가슴에, 손목 코킹 각도는 90도를 이룹니다.
금요일	1. 그립 & 어드레스 자세(복습)	① 그립을 잡을 때 클럽이 손가락에 위치하도록 체크합니다. ② 일반적으로 손바닥으로 잡는 문제가 자주 발생합니다.
	2. 왕복 스윙 (케틀벨)	① 10회 × 10세트를 실시합니다. ② 템포는 60BPM으로 설정합니다.
	3. 왕복 스윙 (배트)	① 10회 × 10세트를 실시합니다. ② 템포는 50BPM으로 설정합니다.
	4. 하프 스윙 (드라이버)	① 공을 치지 않고 드라이버로 스윙합니다. ② 스윙 크기는 하프 스윙입니다. ③ 손의 높이는 가슴에, 손목 코킹 각도는 90도를 이룹니다.

	연습 내용	세부 설명
토요일	1. 그립 & 어드레스 자세(복습)	① 그립 잡는 악력은 0~10의 강도 중 3으로 잡습니다. ② 일반적으로 그립을 강하게 잡기 때문에 긴장감을 풀어주도록 합니다.
	2. 왕복 스윙 (케틀벨)	① 10회 × 10세트를 실시합니다. ② 템포는 70BPM으로 설정합니다.
	3. 왕복 스윙 (배트)	① 10회 × 10세트를 실시합니다. ② 템포는 60BPM으로 설정합니다.
	4. 풀스윙 (9번 아이언)	① 공을 치지 않고 9번 아이언으로 스윙합니다. ② 스윙 크기는 풀스윙입니다. ③ 백스윙에서 상체는 90도 각도로 돌아가고 양손은 오른쪽 어깨 위에 위치합니다. ④ 어드레스 위치를 지나 피니시 자세에서 몸이 왼쪽으로 90도 각도를 이루도록 만듭니다. 이때 손의 위치는 왼쪽 어깨 위에 위치합니다.
일요일	1. 그립 & 어드레스 자세(복습)	① 손목, 팔꿈치, 어깨 관절이 경직되지 않는지 확인합니다. ② 몸의 정렬이 목표 방향과 평행을 이루는지 확인합니다.
	2. 왕복 스윙 (케틀벨)	① 10회 × 10세트를 실시합니다. ② 템포는 70BPM으로 설정합니다.
	3. 왕복 스윙 (배트)	① 10회 × 10세트를 실시합니다. ② 템포는 70BPM으로 설정합니다.
	4. 풀스윙 (드라이버)	① 공을 치지 않고 드라이버로 스윙합니다. ② 스윙 크기는 풀스윙입니다. ③ 백스윙에서 상체는 90도 각도로 돌아가고 양손은 오른쪽 어깨 위에 위치합니다. ④ 어드레스 위치를 지나 피니시 자세에서 몸이 왼쪽으로 90도 각도를 이루도록 만듭니다. 이때 손의 위치는 왼쪽 어깨 위에 위치합니다.

(2) 2주차

	연습 내용	세부 설명
월요일 	1. 칩샷	① 그립 • 그립을 잡는 방법은 샷과 동일합니다. • 정확도를 위해서 그립은 5~6cm 짧게 잡습니다. ② 공 위치 • 칩샷은 낮게 굴러가는 샷입니다. • 낮은 탄도를 만들기 위해 공을 오른발 안쪽에 위치합니다. ③ 스탠스 • 칩샷의 스탠스는 양발 사이가 좁습니다. • 대략적으로 양발 사이에 손바닥 하나가 들어가는 간격이 적절합니다. • 왼발은 오른발 보다 볼 한 개 정도 뒤로 보냅니다. 이를 '오픈 스탠스'라고 하는데, 볼을 정확하게 치는 데 도움을 줍니다.
	TIP 칩샷 • 그린 주변에서 볼을 굴려 보내는 샷 • 띄우는 샷에 비해 볼을 홀에 가깝게 붙이기 유리함 • 좋은 스코어를 만드는 데 칩샷의 실력이 중요함	
	2. 왕복 스윙 (배트)	① 20회 × 10세트를 실시합니다. ② 템포는 70BPM으로 설정합니다.
화요일 	1. 칩샷	① 한 발 칩샷 ② 5~10m 거리 떨어뜨리기(사용 클럽 S웨지)
	2. 왕복 스윙 (배트)	① 20회 × 10세트를 실시합니다. ② 템포는 70BPM으로 설정합니다.
수요일 	1. 칩샷	5~15m 거리 떨어뜨리기(사용 클럽 S웨지)
	2. 왕복 스윙 (배트)	① 20회 × 10세트를 실시합니다. ② 템포는 70BPM으로 설정합니다.

	연습 내용	세부 설명
목요일 	1. 퍼팅	① 그립 • 퍼팅은 샷과 다르게 손바닥 쪽으로 그립을 잡습니다. • 그립을 왼쪽 손바닥 생명선과 평행을 이루도록 놓습니다. • 손가락을 먼저 구부리며 그립을 잡고 이후 엄지를 잡습니다. • 그립을 자세히 보면 원형이 아니라 평평한 면이 있는데, 그 위치가 엄지손가락이 올라가는 곳입니다. 그립의 악력은 0~10 중 3으로 잡습니다. ② 볼 간격 • 퍼팅의 볼 간격을 정하는 중요한 요소는 볼의 위치입니다. • 볼이 왼쪽 눈 아래에 있는 것을 목표로 합니다. 측면에서 보는 시점을 상상하겠습니다. • 무릎과 상체, 골반의 각도 동일한 비율로 구부립니다. 팔을 편하게 늘어뜨리고 퍼터를 잡습니다. • 무릎, 상체, 골반의 각도가 나에게 적당하다면, 고개를 숙였을 때 볼이 왼쪽 눈 아래에 놓이게 됩니다. ③ 어드레스 정렬 • 어깨, 골반, 무릎, 스탠스는 목표 방향과 평행을 이루어야 합니다. • 클럽 샤프트를 바닥에 두고 몸의 정렬 방향을 체크하겠습니다.
	2. 칩샷	15~15m 거리 떨어뜨리기(사용 클럽 S웨지)
	3. 왕복 스윙 (배트)	① 20회 × 10세트를 실시합니다. ② 템포는 70BPM으로 설정합니다.
금요일 	1. 퍼팅	① 헤드의 움직임 • 퍼터 헤드가 움직이는 모습을 보면 미세하게 궤적을 이룹니다. • 헤드가 움직이는 거리는 작아서 직선으로 움직이는 것처럼 보일 뿐 퍼터도 궤도를 그리며 움직여야 동작이 자연스러워집니다. • 아래 도구를 이용하시면 퍼터 헤드의 움직임을 편리하게 익힐 수 있습니다. [퍼팅 아크] 출처10

	연습 내용	세부 설명
금요일	1. 퍼팅	② 하체의 움직임 • 퍼팅의 정확도를 올리기 위해서는 하체가 움직이지 않아야 합니다. • 하체가 흔들리면 퍼터 헤드의 움직임이 일관되도록 움직이기 어렵습니다. • 연습을 할 때 떠올리면 좋을 이미지가 있습니다. 명치 아래가 모래사장에 묻혔다고 상상하겠습니다. 하체는 모래 때문에 움직일 수 없고 명치와 어깨만 움직일 수 있습니다. 마찬가지로 퍼팅 스트로크를 할 때 이와 같은 이미지를 활용하면 하체 움직임을 잡는 데 도움이 됩니다.
	2. 칩샷	5~15m 거리 떨어뜨리기(사용 클럽 S웨지)
	3. 왕복 스윙 (배트)	① 20회 × 10세트를 실시합니다. ② 템포는 70BPM으로 설정합니다.
토요일	1. 퍼팅	① 볼 라인 맞추기 • 볼에 그려진 선을 목표방향에 정확하게 맞추면 어드레스 정렬을 보다 쉽게 할 수 있습니다. • 볼의 선을 놓는 연습도 따로 해야 하는데, 집에서도 연습할 수 있는 방법이 있습니다. 마루바닥에 놓인 선을 기준으로 공에 그려진 선을 맞춥니다. 볼을 놓고 3m 위치에 홀이 있다고 생각하며 연습을 합니다. 이 과정이 익숙해지면 실제 그린에서 볼에 그려진 선을 맞추는 연습을 합니다. ② 그린 경사 읽기 • 퍼팅을 하기에 앞서 경사를 먼저 읽어야 합니다. • 볼은 낮은 곳으로 흐르기 때문에 볼이 굴러가는 방향을 기준으로 오른쪽과 왼쪽 중 어디가 높은지 미리 파악해야 합니다. • 경사를 정확하게 읽기 위해선 큰 틀을 봐야 합니다. 볼 뒤로 5m 이상 떨어져서 홀을 바라봅니다. 그러면 코스와 그린 전체의 경사도를 느낄 수 있습니다. • 경사가 심한 상황보다 적은 상황이 라이를 읽기 애매하고 어렵습니다. 이런 상황에서 앞서 이야기 한 것과 같이 볼에서 멀리 떨어져 경사를 보면 어느 부분이 높은지 알 수 있습니다.
	2. 칩샷	5~15m 거리 떨어뜨리기(사용 클럽 S웨지)
	3. 왕복 스윙 (배트)	① 20회 × 10세트를 실시합니다. ② 템포는 70BPM으로 설정합니다.

	연습 내용	세부 설명
일요일 	1. 퍼팅	① 퍼팅 루틴 ● 다른 샷과 마찬가지로 퍼팅 루틴 또한 간결함이 중요합니다. ● 간결한 루틴을 만드는 순서입니다. 　– 볼 뒤에 서서 연습 스트로크를 2회 합니다. 　　이때 중점을 두어야 할 사항은 거리감입니다. 　　이후 오른손으로 퍼터를 잡고 헤드를 공 뒤에 둡니다. 　– 스탠스를 목표 방향과 평행이 되도록 잡습니다. 　– 양발의 너비는 9번 아이언 보다 10cm 정도 좁아야 합니다. 　– 모든 준비가 마무리 되면 마지막으로 홀을 응시합니다. 　　이후 시선이 볼로 돌아오면 곧바로 스트로크 합니다. ● 위에 나열한 루틴 순서와 약간의 차이는 있지만 참고하면 좋은 루틴입니다. 볼에 헤드를 두고 스트로크를 하는 흐름을 중점적으로 따라하면 간결한 루틴을 만드는 데 도움이 됩니다.
		[브레드 팩슨 루틴] ② 롱퍼팅 거리감 ● 먼 거리를 보낼 때는 스트로크의 크기를 크게 만듭니다. ● 보통 힘으로 강하게 치며 볼을 멀리 보내는데, 거리를 일정하게 맞추기 어렵습니다. ● 백스윙과 팔로우스루 크기를 동일하게 유지하는 것에 집중하며 스트로크 합니다.
	2. 칩샷	5~15m 거리 떨어뜨리기(사용 클럽 S웨지)
	3. 왕복 스윙 (배트)	① 20회 × 10세트를 실시합니다. ② 템포는 70BPM으로 설정합니다.

(3) 3주차

	연습 내용	세부 설명
월요일	하프 스윙 (S웨지)	① 하프 스윙 : 떨어지는 거리 측정하기 • 정면에서 스윙을 봤을 때 왼팔이 지면과 평행이 되는 시점을 하프 스윙이라고 합니다. • 거울 또는 동영상을 촬영하여 스윙 크기를 지속적으로 확인합니다. • 떨어지는 거리를 기준으로 여성 골퍼는 20~25m, 남성 골퍼는 30~40m 사이가 나옵니다. • 일정한 거리를 위해서 스윙 크기와 리듬을 일정하게 유지합니다. ② 어프로치 거리 조절하는 방법 • 하프 스윙을 일정하게 하는 연습을 했습니다. 이제 그 스윙을 기준으로 거리를 조절합니다. 예를 들어 어프로치 하프 스윙이 떨어지는 거리가 30m라고 가정하겠습니다. 스윙 크기를 조금씩 늘리며 40m, 50m, 60m 거리를 연습합니다. • 백스윙과 팔로우스루를 동일한 크기로 늘립니다. 이때 리듬은 항상 동일하게 유지해야 합니다.
화요일	1. 하프 스윙 (9번 아이언)	하프 스윙 : 손을 몸 앞에 유지하기 • 하프 스윙을 할 때 손은 몸 앞에 유지합니다. • 손이 몸 뒤에 있다면 손의 움직임이 정확하지 않았다는 의미입니다. 손의 궤적이 정확하다면 손은 가슴 앞에 위치하게 됩니다.
	2. 경사별 구질 변화	① 볼이 발보다 높은 위치에 있는 경우 • 그립을 짧게 잡고 스윙합니다. • 약 2~3cm 그립을 짧게 잡고, 스윙은 정확도를 위해 풀스윙이 아닌 하프 스윙으로 합니다. • 볼은 일반적인 상황보다 왼쪽으로 휘는 경향이 있습니다. 떨어지기 원하는 위치보다 오른쪽을 겨냥하는 것이 바람직합니다. ② 볼이 발보다 낮은 위치에 있는 경우 • 볼이 낮은 위치에 있기 때문에 무릎과 몸의 각도를 낮추어 어드레스합니다. 마찬가지로 스윙 크기는 하프 스윙으로 합니다. • 볼은 일반적인 상황보다 오른쪽으로 휘는 경향이 있습니다. 떨어지기 원하는 위치보다 왼쪽을 겨냥하는 것이 바람직합니다.

	연습 내용	세부 설명
수요일	스크린골프	실제 골프 코스를 나가기 전 스크린 라운드를 통해 전체적인 흐름을 배웁니다. • 기본 경기 규칙 • 용어 설명(해저드, OB, 벙커, 그린 등) • 경기 속도, 에티켓
목요일	풀스윙	S웨지, 9번 아이언 • 공은 스탠스 중앙에 놓습니다. • 스탠스는 어깨 너비로 맞춘 후 어드레스를 합니다. • 하프 스윙에서 연습한 스윙 크기에서 몸을 조금 더 회전하며, 손은 오른쪽 어깨 위에 위치하도록 보냅니다. 이후 왼쪽 다리를 디딘 후 하체를 회전하며 피니시로 마무리합니다.
금요일	풀스윙	드라이버 • 볼은 왼발 안쪽에 놓습니다. • 스탠스는 어깨 너비보다 약 10cm 넓게 맞추어 잡습니다. • 클럽의 길이가 길기 때문에 강하게 치지 않도록 주의하며 일정한 속도로 휘두르는 것을 목표로 합니다.
토요일	1. 풀스윙	9번 아이언과 드라이버 복습
	2. 프리샷 루틴	티박스에서 샷을 하는 순서 • 목표 방향과 볼의 수직선상에 서서 원하는 방향을 정합니다. • 연습 스윙을 2회 합니다. • 그립을 잡고 볼을 향해 걸어갑니다. • 스탠스를 목표 방향에 평행으로 잡습니다. • 곧바로 스윙을 합니다.
일요일	스크린골프	프리샷 루틴을 라운드에서 적용합니다.

(4) 4주차

	연습 내용	세부 설명
월요일	18홀 스크린 골프	① 실기 시험 대비 훈련 • 실기 시험 합격은 6홀 4오버파 이하로 타수를 맞춰야 합니다. 특이한 점은 6홀 중 파 3를 두 번 치게 된다는 것입니다. • 파 5는 1개, 파 4 또한 거리가 길지 않아 티샷의 거리를 멀리 보내기 보다는 정확도가 실기 합격의 중요한 요점입니다. ② 18홀을 돌며 6홀씩 3개의 구간으로 나눠 스코어를 계산합니다. • 우선 6개 오버를 넘지 않는 것을 목표로 합니다.
화요일	1. 티샷	드라이버 샷을 페어웨이에 안착시키는 것을 목표로 연습합니다. 4번의 샷을 하여 페어웨이에 2개 이상 올리는 과제입니다.
	2. 그린 주변 어프로치	세컨샷 실패 시 홀에 가깝게 붙이는 능력이 중요합니다. 우선 타격에 실패하지 않고, 볼을 정확하게 맞혀 한번에 그린으로 올리는 것을 목표로 합니다.
수요일	18홀 스크린 골프	① 실기 시험 대비 훈련 • 파온 확률을 50% 목표로 라운드합니다. • Par on이란 PAR 3는 1번, PAR 4는 2번, PAR 5는 3번에 샷으로 그린에 도달하는 것을 의미합니다. ② 18홀을 돌며 6홀씩 3개의 구간으로 나눠 5개 오버를 넘지 않는 것을 목표로 합니다.
목요일	1. 티샷	**가능하다면 우드, 유틸리티 또는 롱아이언(5번 아이언 이상)으로 티샷을 해보면 좋습니다.**
	2. 그린 주변 벙커	① 벙커는 코스에 모래가 쌓여있는 구덩이를 뜻합니다. 이곳에 빠진 경우 한번에 모래에서 탈출하는 것을 목표로 하면 좋습니다. 다만, 모래에서 샷을 연습할 수 있는 상황은 제한적이기 때문에 스크린 연습장에서는 벙커샷과 비슷한 스윙 동작인, 로브샷 동작을 연습합니다. ② 동일하게 페이스를 열고 볼 뒤를 치기 때문에 **로브샷** 연습을 먼저 한 후 파3 연습장에서 벙커를 연습해봅니다. 6개 샷 중 3개를 한번에 탈출해보겠습니다.
금요일	인도어 연습장	인도어 연습장에서 시뮬레이션 총 연습을 합니다.

	연습 내용	세부 설명
토요일 	PAR3 숏게임장	① 100m 파3 대비 9번 아이언 연습을 합니다. ② 벙커 탈출 연습을 합니다. ③ 그린 주변 굴리는 어프로치 연습을 합니다.
일요일 	필드 골프	① 9홀 퍼블릭 골프장에 가서 지금까지 연습한 내용을 적용해 봅니다. ② 추천하는 골프장으로 경기도 소재 코리아 퍼블릭 또는 지산 골프장을 이용하시면 좋습니다. ③ 혼자 연습하고 싶다면 멤버 조인을 활용하시는 것도 좋습니다.

생활 스포츠지도사 골프
(실기 시험장 야디지북)

1 실기 시험장 야디지북

출처11

센추리21 컨트리클럽(마운틴코스) * 강원도 원주시 문막읍 궁말길 193 (033-733-1000)

단위 : yd

HOLES	1	2	3	4	5	6	7	8	9	TOTAL
PAR	3	4	5	4	3	4	5	4	4	36
White Tee	110	270	410	300	130	270	480	355	390	2,715
Red Tee	100	210	350	275	110	230	440	325	350	2,390

* 홀별 거리는 실제 시험장에서 측정한 거리로 센추리21 홈페이지에 기재되어 있는 거리(yd)와 상이할 수 있음
* 본 거리표는 실기검정이 실시될 마운틴코스의 각 홀별 시험에 사용될 티잉구역에서 그린중앙까지 측정된 거리를
나타내며, 검정일별 사용될 티잉구역(티마커 위치) 및 깃대 위치, 개인별 거리를 측정하는 방법에 따라 달라질 수 있음

센추리21 컨트리클럽(마운틴코스)은 홀의 길이가 짧은 편이며, 페어웨이가 오르막/내리막(업&다운)
이 심한 편이다. 그러므로 세컨샷의 스탠스가 좋은 위치를 찾아서 랜딩하는 것이 매우 중요하다.
즉, 드라이브보다는 하이브리드 및 롱아이언으로 안정적인 페어웨이 안착이 중요하다.
모든 깃대는 중핀(센터)보다 살짝 앞쪽에 위치하여 세컨샷 및 서드샷에서 어프로치로 붙이는
공략을 하는 것이 좋다.
본인만의 야디지북을 뒷주머니에 소지하고, 매 홀마다 공략 포인트를 생각하면서 플레이를 한다.
필드 스코어가 '평균 보기 플레이어' 실력이면 충분히 자격증을 취득할 수 있다.

(1) 1번 홀

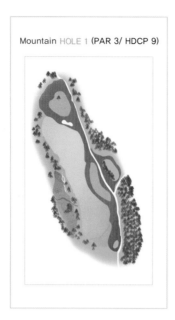

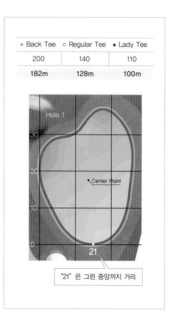

실제 티잉구역 뷰

[1번 홀 공략법]
- 거리측정기 107m
- 목표는 그린 우측 짧게 공략, 깃대가 중핀보다 살짝 앞쪽에 위치함
- 9번 아이언으로 안전하게 그린위에 올린 후 퍼터로 공략
- 티박스 바닥은 연습장 인조 바닥과 유사함으로 사전에 숏티 연습으로 거리 연습하기

(2) 2번 홀

Mountain HOLE 2 (PAR 4/ HDCP 1)

오르막홀 경사
티샷(페어웨이 넓음 중앙)

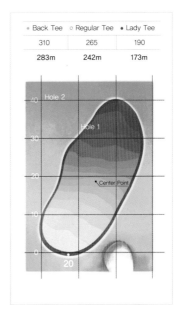

● Back Tee	○ Regular Tee	● Lady Tee
310	265	190
283m	242m	173m

실제 티잉구역 뷰

[2번 홀 공략법]
- 거리측정기 224m
- 목표는 오르막홀로 안전하게 유틸리티 그린 좌측 공략(170m)
- 세컨 스탠스가 좋은 위치는 170~190m 이내로 유틸리티/아이언으로 페어웨이 안착이 중요함, 170m 지점은 세컨 스탠스가 좋음
- 남은 64m는 어프로치로 붙인 후 퍼터로 공략

(3) 3번 홀

Mountain HOLE 3 (PAR 5/ HDCP 6)

세컨샷 클럽선택 신중
티샷(페어웨이 중앙)

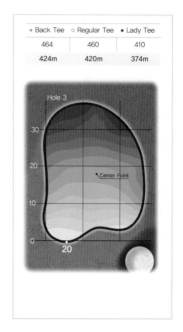

• Back Tee	○ Regular Tee	• Lady Tee
464	460	410
424m	420m	374m

Hole 3

Center Point

20

실제 티잉구역 뷰

[3번 홀 공략법]
- 거리측정기 455m
- 목표는 오르막홀로 페어웨이 우측 공략(오르막으로 어퍼 치지 않도록 주의)
- 빨강색 OB티와 라이트 사이 공략
- 드라이버는 왼쪽으로 감기는 현상이 많고, 힘이 많이 들어가는 코스로 '3온 전략'으로 스탠스가 좋은 위치(170m)를 찾아서 공략하는 것이 좋음
- 세컨샷은 유틸리티 혹은 아이언으로 페어웨이를 지킨 후 어프로치로 붙인 후 퍼터로 공략

(4) 4번 홀

Mountain HOLE 4 (PAR 4/ HDCP 8)

그린이 어려움(퍼팅 신중)
티샷(페어웨이 좌측)

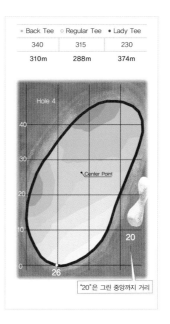

● Back Tee	○ Regular Tee	● Lady Tee
340	315	230
310m	288m	374m

Hole 4

Center Point

"20"은 그린 중앙까지 거리

실제 티잉구역 뷰

[4번 홀 공략법]
- 거리측정기 236m
- 좌도그렉으로 2온을 목표로 안전한 페어웨이 공략이 필요함
- 목표는 2온 전략으로 빨강색 OB티 공략
- 6번 아이언(150m, 스프링쿨러 주의)을 사용하고, 좋은 세컨샷 위치에서는 어프로치로 붙인 후 퍼터로 공략 (비거리 150m 지점은 스프링쿨러가 있어 방향 전환이 될 수 있음에 주의)

(5) 5번 홀

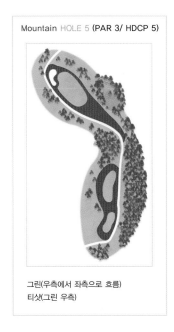

Mountain HOLE 5 (PAR 3/ HDCP 5)

그린(우측에서 좌측으로 흐름)
티샷(그린 우측)

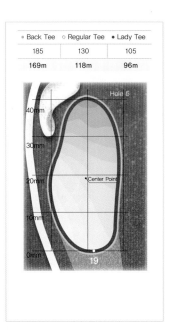

• Back Tee	• Regular Tee	• Lady Tee
185	130	105
169m	118m	96m

실제 티잉구역 뷰

[5번 홀 공략법]
- 거리측정기 105m
- 그린이 우측에서 좌측으로 흐름
- 목표는 그린 우측 공략, 9번 컨트롤샷 혹은 피칭샷으로 공략
- 내리막이 심하여 클럽을 1/2 또는 길게 잡는 것이 중요함
- 티박스 바닥은 연습장 인조 바닥과 유사함으로 사전에 숏티 연습으로 거리 연습하기

⑹ 6번 홀

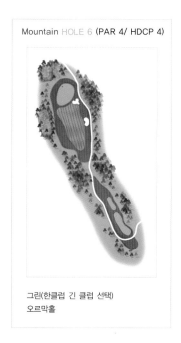

Mountain HOLE 6 (PAR 4/ HDCP 4)

그린(한클럽 긴 클럽 선택)
오르막홀

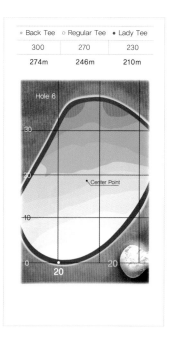

● Back Tee	○ Regular Tee	● Lady Tee
300	270	230
274m	246m	210m

실제 티잉구역 뷰

[6번 홀 공략법]
- 거리측정기 285m, 오르막홀
- 목표는 센터, 유틸리티 170m로 공략
- 세컨샷이 좋은 위치는 170~190m 지점이 가장 좋음
- 나머지 거리는 좋은 세컨샷 위치에서 어프로치로 붙인 후 퍼터로 공략(세컨샷의 클럽 선택은 평소 클럽보다 1/2 클럽 더 보기)

(7) 7번 홀

Mountain HOLE 7 (PAR 5/ HDCP 7)

내리막홀
티샷(페이웨이 우측)

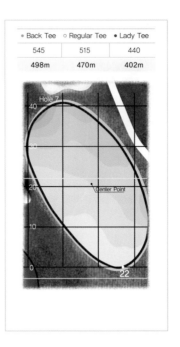

● Back Tee	○ Regular Tee	● Lady Tee
545	515	440
498m	470m	402m

실제 티잉구역 뷰

[7번 홀 공략법]
- 거리측정기 470m, 내리막이 심한 홀
- 3온 전략으로 세컨샷의 스탠스가 좋은 위치를 찾아서 공략하는 것이 좋음
- 드라이버보다는 유틸리티나 우드로 공략
- 유틸리티(180m), 8번(130m) 순으로 공략하고, 서드샷은 내리막으로 거리보다 5~10m 짧게 랜딩 후, 퍼터로 공략
- 목표는 포어캐디(fore caddie) 방향(드로우가 좋음), 말뚝까지 183m로 짧게 왼쪽(빨강색 존)으로 보내기
  * 포어캐디(fore caddie) : 골프 코스에서 공의 위치를 경기자에게 알리기 위해 전방이나 공의 행방을 추적하 기 쉬운 곳에 미리 나가 있는 경기 보조원
- 빨강색 존이 세컨 시 깃대가 보여, 안전하게 공략할 수 있음

[8] 8번 홀

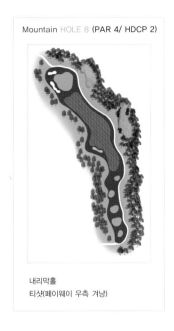

Mountain HOLE 8 (PAR 4/ HDCP 2)

내리막홀
티샷(페이웨이 우측 겨냥)

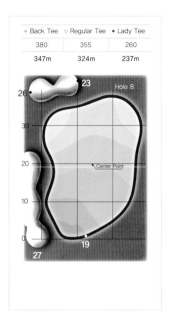

● Back Tee	○ Regular Tee	● Lady Tee
380	355	260
347m	324m	237m

실제 티잉구역 뷰

[8번 홀 공략법]
- 거리측정기 320m
- 내리막이 심한 홀이며, 깃대가 보이지 않음(시야가 좁음)
- 목표는 센터
- 세컨샷 스탠스가 좋은 위치는 유틸리티로 우측 공략(180m)
- 세컨샷(104m)은 급격한 내리막으로 거리보다 5~10m 짧게 보내기

(9) 9번 홀

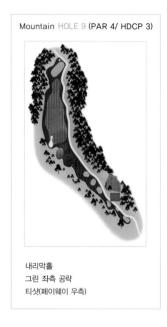

Mountain HOLE 9 (PAR 4/ HDCP 3)

내리막홀
그린 좌측 공략
티샷(페이웨이 우측)

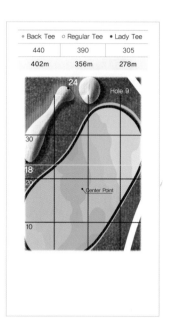

● Back Tee	○ Regular Tee	● Lady Tee
440	390	305
402m	356m	278m

실제 티잉구역 뷰

[9번 홀 공략법]
- 거리측정기 356m
- 내리막 경사가 심한 홀이며, 우측 도그렉
- 목표는 라이트 공략(페이드가 좋음)
- 세컨샷 스탠스가 좋은 위치는 160m 지점이며, 유틸리티나 아이언으로 공략
- 세컨샷(104m)은 그린 좌측 공략, 핀이 보이지 않음(빨강색 존이 티박스)
- 급격한 내리막으로 거리보다 5~10m 짧게 보내기(세컨샷 주변은 디봇이 많음)

All about Golf

PART 04

생활 스포츠지도사
골프 구술
기출문제 깨기

오디오북
(AI MP3)

The way to success is always under construction.
성공으로 가는 길은 끊임없이 노력하는 것에 있다.

– 아놀드 파머

LESSON 01

골프규칙

※ "골프규칙"은 R&A(영국왕립골프협회), USGA(미국골프협회) 골프규칙을 참고하여
"골프규칙" 순서대로 정리되었습니다.

※ ★ 개수가 많을수록 출제 빈도율이 높습니다.

★★★★
Q 1

#골프규칙 1.2 #행동기준

플레이어의 행동기준에 대해 설명하시오.

모든 플레이어는 골프 게임의 정신에 따라 플레이하여야 한다.
- 경기 규칙을 지키며 정직하게 경기를 펼친다.
- 같이 경기하는 사람을 배려하며 플레이한다.
- 코스를 보호하고 불필요한 손상을 입히지 않도록 한다.

★
Q 2

#골프규칙 1.2 #골프 기본정신

골프의 정신에 대해 설명하시오.

다른 플레이어들을 배려하고, 규칙을 준수하며, 정직하게 플레이한다.

★★
Q 3

#골프규칙 1.2a #잔디 손상

클럽을 바닥에 내동댕이쳐서 잔디에 경미한 손상을 일으키거나 클럽으로 의도치 않게 다른 사람을 맞힌 경우 위원회는 플레이어에게 어떻게 할 수 있는가?

플레이어가 매우 부당한 행동을 한 경우로 판단되어 실격시킬 수 있다.

★★
Q 4

#골프규칙 1.3a #규칙 #로컬룰

골프규칙에 대해 설명하시오,

규칙 1~25까지의 '골프규칙'과 '용어의 정의' 그리고 위원회가 채택한 경기와 코스의 모든 로컬룰을 말한다.

★★★
Q 5

#골프규칙 2.2c #코스구역

볼이 놓인 코스의 구역에 대해 설명하시오.

플레이어의 볼이 놓인 코스의 구역은 그 볼을 플레이하거나 구제를 받는 데 적용되는 규칙에 영향을 미친다. 언제나 볼은 어느 한 코스의 구역에만 놓인 것으로 간주된다.
- 볼의 일부가 일반구역과 네 가지 특정한 코스의 구역 중 어느 한 구역에 걸쳐 있는 경우, 그 볼은 그 특정한 코스의 구역에 놓인 것으로 간주된다.
- 볼의 일부가 두 가지 특정한 코스의 구역에 걸쳐 있는 경우, 그 볼은 페널티구역 벙커, 퍼팅그린의 순으로 그 특정한 구역에 놓인 것으로 간주된다.

★★★
Q 6

#골프규칙 3.2b #컨시드 효력

홀의 결과가 이미 결정된 경우 컨시드 효력은 어떻게 되는지에 대해 설명하시오.

이미 그 홀이 끝났기 때문에 컨시드는 효력이 없고, 거절이나 번복을 할 수 없다.

★
Q 7

#골프규칙 3.3b #실격

스코어카드를 위원회에 미제출하거나 서명하지 않고 가버린 경우 플레이어는 어떻게 되는지에 대해 설명하시오.

플레이어는 실격이 된다.

★
Q 8

#골프규칙 3.3b #스코어 작성 시 마커의 임무

스코어카드 작성 시 마커의 임무에 대해 설명하시오.

각 홀의 스코어를 플레이어가 스코어카드에 정확하게 기재하였는지 확인 및 서명을 한다.

★★★
Q 9

#골프규칙 3.3b #스코어카드 작성 시 플레이어 책임

스코어카드 작성 시 플레이어의 책임에 대해 설명하시오.

라운드 동안 각 홀마다 본인의 스코어를 알고 있어야 하며, 스코어 제출 전 마커가 작성한 스코어를 확인 후 서명하여야 한다. 만약 마커가 기록한 스코어에 이상이 있는 경우는 위원회에 문제를 제기하여야 한다.

★★★
Q 10

#골프규칙 3.3b #스코어카드 잘못 작성

스코어카드 작성 시 플레이어가 스코어 합계를 잘못 합산했을 때의 페널티에 대해 설명하시오.

페널티는 없다. 스코어카드 합계에 대한 책임은 위원회에 있다.

★★
Q 11

#골프규칙 3.3c #홀 아웃범위

홀 아웃을 하지 않은 경우에 대해 설명하시오.

플레이어는 반드시 라운드의 각 홀에서 홀 아웃하여야 한다.
- 플레이어가 어느 홀에서든 홀 아웃하지 않은 경우 플레이어는 반드시 다른 홀을 시작하기 위한 스트로크를 하기 전에 또는 그 홀이 그 라운드의 마지막 홀인 경우에는 스코어카드를 제출하기 전에 그 잘못을 바로잡아야 한다.
- 이 시간 안에 그 잘못을 바로잡지 않은 경우, 플레이어는 실격이 된다.

★★
Q 12

#골프규칙 4.1a #부러지거나 심하게 손상된 클럽

샤프트가 두 동강이 났을 경우 교체를 할 수 있는지에 대해 설명하시오.

샤프트가 두 동강이 나거나, 산산조각이 나거나, 구부러진 경우(샤프트가 움푹 들어가기만 한 경우 제외)에는 "부러지거나 심하게 손상된 클럽"으로 인정되어 교체할 수 있다.

그 밖에 다음 사항에 대해서도 클럽을 교체할 수 있다.
- 클럽 페이스의 임팩트 부분이 눈에 띄게 변형된 경우(클럽 페이스에 흠집만 있거나 금만 간 경우 제외)
- 클럽헤드가 눈에 띄게 심하게 변형된 경우(클럽헤드에 금만 간 경우는 제외)
- 클럽헤드가 샤프트에서 분리되거나 헐거워진 경우
- 그립이 헐거워진 경우

★★
Q 13

#골프규칙 4.1a #손상된 클럽 예외

부러지거나 심하게 손상된 클럽의 예외사항에 대해 설명하시오.

클럽 페이스나 클럽헤드에 금이 간 클럽은 교체할 수 없다.

★★★
Q 14

#골프규칙 4.1a #부적합한 클럽

부적합한 클럽을 라운드 동안 갖고 있기만 하고 스트로크를 하지 않았을 때의 페널티에 대해 설명하시오.

페널티는 없으나 클럽 개수의 한도(14개)에는 포함되어야 한다.
스트로크 시 실격 처리된다.

★★
Q 15

#골프규칙 4.1b #클럽 개수

라운드 동안 클럽 개수의 한도에 대해 설명하시오.

플레이어는 14개의 클럽으로 라운드를 한다. 14개를 초과한 클럽으로 플레이를 해서는 안 되며, 만일 클럽이 14개를 초과하였다면 1홀당 2벌타, 최대 4벌타를 부여받는다.

★★★
Q 16

#골프규칙 4.1b #다른 플레이어 클럽 사용

멀리 있는 퍼터를 가지러 가기 귀찮아 다른 플레이어에게 퍼터를 빌려 사용했을 경우의 페널티에 대해 설명하시오.

클럽의 공동사용금지 조항에 따라 2페널티를 받는다.

★★
Q 17

#골프규칙 4.1b #클럽 교체 및 수리

라운드 중 클럽이 부러졌을 경우 교체나 수리가 가능한지 설명하시오.

클럽의 교체나 수리가 가능하다. 또한 플레이어는 부당하게 플레이를 지연시키면 안 되며 타 플레이어의 클럽을 빌려서도 안 된다.

★★
Q 18

#골프규칙 4.1b #분실된 클럽 추가

플레이어는 14개가 넘는 클럽을 가지고 라운드를 시작할 수 없는데 이때 클럽 하나를 분실했다. 그럼 분실된 클럽을 추가할 수 있는지에 대해 설명하시오.

분실된 클럽은 추가할 수 없다.
단, 부러진 클럽(클럽헤드, 샤프트, 그립)은 클럽 개수의 한도에 포함되지 않는다.

★★
Q 19

#골프규칙 4.1b #클럽 보유한도 14개 초과

클럽 보유한도 14개를 초과하여 15개를 가지고 라운드를 시작하였고, 3번째 홀에서 위반 사실을 인지하였을 경우 페널티에 대해 설명하시오.

스트로크플레이에서의 라운드당 최대 4벌타를 받을 수 있다.

(위반이 일어난 1, 2번 홀에 각 2벌타씩 추가 페널티)

★★★
Q 20

#골프규칙 4.1c #다른 플레이어 클럽 사용

플레이어가 실수로 다른 플레이어의 클럽을 사용 시 페널티에 대해 설명하시오.

다른 플레이어의 클럽을 사용하였을 때는 2페널티를 받지만 미사용 시 페널티는 없다.

★★★
Q 21

#골프규칙 4.2b #갈라진 볼

갈라지거나 금이 간 볼을 쳤을 경우에 대해 설명하시오.

페널티도 없고, 스트로크 타수에도 포함되지 않으나 반드시 스트로크 한 곳에서 다른 볼을 플레이하여야 한다.

★★★
Q 22

#골프규칙 4.2c #볼이 깨진 경우

홀을 플레이하는 동안 볼이 갈라지거나 금이 간 경우에 대해 설명하시오.

- 볼의 손상 여부를 확인하기 위하여 볼을 집어 올릴 수 있다. 볼을 집어 올리기 전 볼이 원래 있던 지점을 마크하여야 한다. 퍼팅그린을 제외하고 볼을 닦아서는 안 된다(골프규칙 14.1 참조).
  볼의 손상 여부를 파악하는 목적 없이 볼을 집어 올렸거나, 집어 올리기 전에 마크하지 않았을 경우, 볼 닦기가 허용되지 않는데 닦은 경우, 플레이어는 1벌타를 받는다.
- 새로운 볼로 교체할 수 있는 경우 : 기존에 사용하던 볼이 갈라지거나 금이 갔다면 손상된 볼을 다른 볼로 교체할 수 있다. 그러나 갈라지고 금이 간 상태 외 긁히거나 흠이 있는 것만으로는 볼을 교체할 수 없다.
  – 원래의 볼이 갈라지거나 금이 간 경우, 플레이어는 반드시 다른 볼이나 원래의 볼을 원래의 지점에 리플레이스하여야 한다(골프규칙 14.2 참조).
  – 원래의 볼이 갈라지거나 금이 가지 않은 경우, 플레이어는 반드시 원래의 볼을 원래의 지점에 리플레이스하여야 한다(골프규칙 14.2 참조).
- 잘못 교체한 볼로 플레이한 경우, 규칙 6.3b에 따라 **1벌타**를 받는다. 그러나 본 규칙의 어떠한 것도 플레이어가 다른 규칙에 따라 다른 볼로 교체하거나 홀과 홀 사이에서 볼을 바꾸는 것을 금지하는 것은 아니다.

★★★
Q 22

(TIP) 규칙 4.2c를 위반하여 잘못된 장소에서 플레이한 것에 대한 페널티 : 골프규칙 14.7a에 따라 일반 페널티

★★★
Q 23

#골프규칙 4.2c #갈라진 볼 집어 올리기

볼이 금이 갔는지 확인하기 위해 볼을 집어 올리는 방법에 대해 설명하시오.

볼에 금이 갔다고 합리적으로 확신할 경우 살펴보기 위해 볼의 지점을 마크 후 볼을 집어 올릴 수는 있으나 볼을 닦을 수는 없다. 그렇지 않을 경우 1벌타를 받는다.

★
Q 24

#골프규칙 4.3a #플레이 중 음악 감상

플레이 중 음악을 들을 경우 페널티에 대해 설명하시오.

경기와 무관한 오디오, 비디오(뉴스, 배경음악)는 페널티가 없으나 다른 사람을 배려해야 한다. 단, 스윙 템포를 유지하기 위한 음악, 오디오 및 스트로크에 도움이 되는 영상을 시청하거나 처음 위반한 경우에는 일반 페널티, 두 번째 위반 시 실격처리 된다.

★
Q 25

#골프규칙 4.3a #우천 시 그립에 그립지나 수건을 감싸고 칠 때

우천 시 그립이 미끄러워 그립지나 수건을 감싸고 스트로크를 했을 경우의 페널티에 대해 설명하시오.

페널티는 없다. 또한 "장비규칙"에 따른 장갑을 사용하거나 레진, 파우더, 그 밖의 습윤제나 건조제는 사용이 가능하다. 단, "장비규칙"에 맞지 않는 장갑을 사용하거나 손의 위치나 그립의 강도와 부당한 이익을 주는 장비 사용 시 페널티가 추가된다. 처음 위반 시 일반 페널티, 두 번째 위반 시 실격처리 된다.

★★
Q 26

#골프규칙 4.3c #의료적인 이유로 사용하는 장비

플레이어가 의료적인 상태에 도움이 되는 장비를 사용할 경우의 페널티에 대해 설명하시오.

플레이어에게 의료적인 이유만 있다면 페널티 적용이 되지 않는다. 단, 위원회에서도 다른 플레이어보다 부당한 이득을 얻는 것이 아니라고 판단한 경우에 한한다.

★★★
Q 27

#골프규칙 5.2b #라운드 전 코스연습

경기 당일 라운드 전 코스연습을 할 경우 페널티에 대해 설명하시오.

- 매치플레이는 연습 가능하다.
- 스트로크플레이에서는 불가하다(처음 위반 시 일반 페널티, 두 번째 위반 시 실격 처리된다).
  단, 자신의 첫 번째 티잉구역이나 근처에서의 퍼팅, 치핑 연습을 하거나 모든 연습 구역에서는 페널티 없이 연습 가능하며, 당일 자신의 마지막 라운드 종료 후에도 연습 가능하다.

★★★
Q 28

#골프규칙 5.2b #라운드 중 어프로치 연습

앞 조의 경기를 기다리면서 다른 볼로 어프로치 연습을 했을 경우의 페널티에 대해 설명하시오.

2페널티로 라운드 중에는 어떠한 볼로도 연습을 하면 안 된다.

★★
Q 29

#골프규칙 5.5b #스트로크 제한

홀을 끝낸 후의 연습 스트로크에 대한 제한에 대해 설명하시오.

플레이 중 연습이 허용된 곳을 제외하고 연습 스트로크를 해서는 안 된다.
[예외]
퍼팅 연습이나 치핑 연습이 허용되는 곳 : 플레이어는 다음과 같은 곳이나 그 근처에서 퍼팅 연습이나 치핑 연습을 할 수 있다.
– 방금 끝난 홀의 퍼팅그린과 모든 연습 그린(골프규칙 13.1e 참조)
– 다음 홀의 티잉구역

★★
Q 30

#골프규칙 5.7b #위원회 플레이 중단

위원회가 플레이 중단을 선언하는 경우에 대해 설명하시오.

- 즉시 중단(예 위험이 임박한 경우)
- 일반적인 중단(예 일몰, 안개 등 코스가 플레이를 할 수 없는 상태인 경우)

★★
Q 31

#골프규칙 5.7b #플레이중단 위반 시 페널티

위원회가 플레이 중단 선언 시 위반에 대한 페널티에 대해 설명하시오.

플레이는 실격 처리된다.

#골프규칙 5.7c #플레이 중단 후 재개

플레이 중단 후 위원회에서 정한 시각보다 일찍 플레이 재개 시 페널티에 대해 설명하시오.

2페널티를 받는다. 위원회가 정한 시간에 플레이를 시작해야 한다.

#골프규칙 6.2b #상태 개선

티잉구역의 상태를 개선할 수 있는 경우에 대해 설명하시오.

플레이어는 스트로크를 하기 전 티잉구역에서 다음과 같은 행동을 할 수 있다(골프규칙 8.1b(8) 참조).

- 티잉구역의 지면을 변경하는 행동(예 클럽이나 발로 지면을 평평하게 만드는 행동)
- 티잉구역에 자라고 있는 풀과 잡초 등 자연물을 뽑거나 제거하는 행동
- 티잉구역에 있는 모래나 흙을 제거하거나 누르는 행동
- 티잉구역에 있는 이슬이나 서리 또는 물을 제거하는 행동

그러나 플레이어가 그 밖의 행동으로 스트로크에 영향을 미치는 상태를 개선하여 규칙 8.1a를 위반한 경우, **일반 페널티**를 받는다.

#골프규칙 6.2b #티잉구역 볼 구분

티잉구역 안과 밖에 있는 볼을 구분해 보시오.

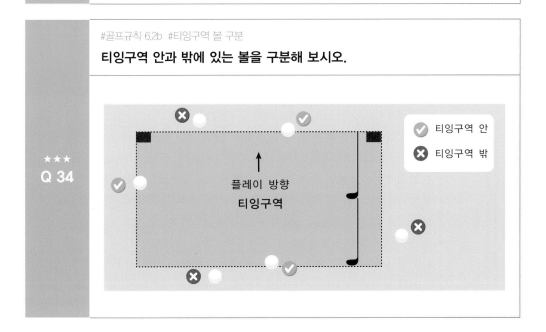

★
Q 35

#골프규칙 6.2b #티(tee) 대신 모래 사용

티샷 시 티(tee) 대신 모래를 사용하여 스트로크를 해도 되는지 설명하시오.

페널티는 없다(소복하게 모아둔 모래, 그 밖의 자연물 포함). 또한 지면을 평평하게 고르거나 풀, 잡초 제거 및 이슬, 물, 서리를 제거하는 것도 허용된다.

★★★
Q 36

#골프규칙 6.2b #볼이 티에서 떨어질 때 스트로크

볼이 티에서 떨어질 때 스트로크 했을 경우 페널티에 대해 설명하시오.

볼이 티에서 떨어지려 할 때 스윙을 멈출 수 없어 친 것이기 때문에 페널티는 없다 (스트로크는 타수에 포함된다).

★★★
Q 37

#골프규칙 6.2b #연습스윙 시 볼이 티에서 떨어짐

연습스윙 시 볼이 티에서 떨어졌을 때의 페널티에 대해 설명하시오.

페널티는 없으며 티잉구역 안이라면 어디서든 티업을 다시 할 수 있다.

★
Q 38

#골프규칙 6.3b #볼 교체

홀을 플레이하는 동안 다른 볼로 교체하는 경우에 대해 설명하시오.

① 볼 교체가 허용되는 경우와 허용되지 않는 경우 어떤 규칙에서는 플레이어가 홀 플레이에서 사용 중인 볼을 다른 볼로 교체하여 인플레이 상태가 되도록 하는 것을 허용하지만, 어떤 규칙에서는 허용하지 않는다.

- 규칙에 따라 구제를 받는 경우 또는 볼을 드롭하거나 플레이스하는 경우(예 볼이 구제구역에 정지하지 않는 경우 또는 퍼팅그린에서 구제를 받는 경우), 플레이어는 원래의 볼을 사용할 수도 있고, 다른 볼을 사용할 수도 있다(골프규칙 14.3a).
- 직전의 스트로크를 한 곳에서 다시 플레이하는 경우, 플레이어는 원래의 볼을 사용할 수도 있고, 다른 볼을 사용할 수도 있다(골프규칙 14.6).
- 어떤 지점에 볼을 리플레이스하는 경우에는 볼을 교체하는 것이 허용되지 않으므로 플레이어는 반드시 원래의 볼을 사용하여야 한다. 다만 몇 가지 예외는 있다 (골프규칙 14.2a 참조).

② 교체한 볼이 인플레이 상태의 볼이 되는 경우 : 플레이어가 원래의 볼을 다른 볼로 교체하여 인플레이 상태가 되도록 한 경우(골프규칙 14.4 참조)

- 원래의 볼은 더 이상 인플레이 상태가 아니다. 그 원래의 볼이 코스에 정지해 있더라도, 그 볼은 더 이상 인플레이 상태가 아니다.

Q 38 ★

- 다음과 같은 경우에도 원래의 볼은 더 이상 인플레이 상태가 아니다.
  - 규칙에서 볼의 교체가 허용되지 않을 때 플레이어가 원래의 볼 대신 다른 볼로 교체한 경우(플레이어 자신이 다른 볼로 교체하고 있었다는 것을 인지하였는지 여부와 관계 없이)
  - 플레이어가 교체한 볼을 ❶ 잘못된 방법으로 ❷ 잘못된 장소에서 또는 ❸ 적용되지 않는 절차에 따라 리플레이스하였거나 드롭하였거나 플레이스한 경우
- 교체한 볼을 플레이하기 전에 잘못을 바로잡는 방법(골프규칙 14.5 참조)
  플레이어의 원래의 볼이 발견되지 않아서, 플레이어가 스트로크와 거리 구제(골프규칙17.1d, 18.1, 18.2b, 19.2a 참조)를 받기 위하여 다른 볼을 인플레이한 경우 또는 그 원래의 볼이 어떻게 되었는지 알고 있거나 사실상 확실한 경우(규칙 6.3c, 9.6, 11.2c, 15.2b, 16.1e, 17.1c 참조)에 적용되는 규칙에 따라 다른 볼을 인플레이한 경우,
  - 플레이어는 반드시 그 교체한 볼로 플레이를 계속하여야 한다.
  - 볼 찾기에 허용된 시간(3분) 안에 원래의 볼이 코스에서 발견되더라도, 그 볼을 플레이해서는 안 된다(규칙 18.2a(1) 참조).
③ 잘못 교체한 볼에 스트로크를 한 경우 : 잘못 교체한 볼에 스트로크를 한 경우, 플레이어는 1벌타를 받고, 반드시 그 잘못 교체한 볼로 그 홀의 플레이를 끝내야 한다.

Q 39 ★★★

#골프규칙 6.3b #교체한 볼

잘못 교체한 볼에 스트로크한 경우의 페널티에 대해 설명하시오.

플레이어는 1벌타를 받고, 반드시 그 잘못 교체한 볼로 그 홀의 플레이를 끝내야 한다.

Q 40 ★★★

#골프규칙 7.2 #정지볼 확인

정지한 볼을 확인하는 방법에 대해 설명하시오.

플레이어의 볼은 다음과 같은 방식으로 확인할 수 있다

- 함께 경기하는 동반자 또는 다른 누군가가 그 볼이 어느 곳에 정지하는 것을 봄으로써
- 플레이어가 자신의 볼에 표시한 표식을 봄으로써
- 플레이어의 볼이 있을 것으로 예상하는 위치에 동일한 상표, 숫자의 볼을 발견함으로써

플레이어의 프로비저널볼과 원래의 볼을 구별할 수 없는 경우에 대해서는 (골프규칙 18.3c(2))를 참조한다.

#골프규칙 7.4 #볼 찾다 볼 건드림

볼을 찾는 과정에서 다른 플레이어가 볼을 건드렸을 때의 페널티에 대해 설명하시오.

페널티는 없다(플레이어와 상대방 모두 해당).
단, 움직인 볼을 반드시 리플레이스해야 한다.

#골프규칙 8.1a #상태개선 플레이

스트로크에 영향을 미치는 상태를 개선하는 플레이어의 행동 중 허용되지 않는 행동에 대해 설명하시오.

- 다음과 같은 물체를 움직이거나 구부리거나 부러뜨려서는 안 된다.
  - 자라거나 붙어있는 자연물
  - 움직일 수 없는 장해물·코스와 분리할 수 없는 물체·코스의 경계물
  - 플레이 중인 티잉구역의 티마커
- 루스임페디먼트나 움직일 수 있는 장해물을 가져다 놓아서는 안 된다(예 스탠스를 만들기 위하여 또는 플레이 선을 개선하기 위하여).
- 다음과 같이 지면의 상태를 변경해서는 안 된다.
  - 디봇을 제자리에 도로 가져다 놓거나
  - 이미 제자리에 메워진 디봇이나 뗏장을 제거하거나 누르거나
  - 지면의 구멍이나 자국 또는 울퉁불퉁한 부분을 없애거나, 기존에 없던 그런 것들을 생기게 해서는 안 된다.
- 모래나 흩어진 흙을 제거하거나 눌러서는 안 된다.
- 이슬·서리·물을 제거해서는 안 된다.

(TIP) 규칙 8.1a의 위반에 대한 페널티 : 일반 페널티

#골프규칙 9.1a #볼은 놓인 그대로 플레이

"볼은 놓인 그대로 플레이하여야 한다."라는 원칙에 대해 예를 들어 설명하시오.

- 스트로크 전 사람이나 외부의 영향이 정지한 볼을 집어 올리거나 움직인 경우, 반드시 원래의 지점에 리플레이스하여야 한다.
- 플레이어의 볼이 정지한 후 바람, 물과 같은 자연의 힘에 의해 움직인 경우, 원칙적으로 플레이어는 반드시 그 새로운 지점에서 그 볼을 플레이하여야 한다.

#골프규칙 9.1b #스트로크하는 동안 볼이 움직인 경우

백스윙이나 스트로크 시 볼이 움직였을 경우 처리하는 방법에 대해 설명하시오.

- 플레이어는 볼을 움직이게 한 원인과 상관없이 그 볼을 리플레이해서는 안 되며, 그 볼이 정지한 곳에서 그 볼을 플레이하여야 한다.
- 볼을 고의로 움직이게 한 것이 아니면 페널티는 없다.

#골프규칙 9.2b #볼이 움직인 경우

볼을 움직이게 한 원인을 판단하는 방법에 대해 설명하시오.

플레이어의 정지한 볼이 움직인 경우
- 무엇이 그 볼을 움직이게 하였는지를 반드시 판단하여야 한다.
- 그 원인에 따라, 플레이어가 반드시 그 볼을 리플레이스하여야 하는지 놓인 그대로 플레이하여야 하는지가 결정되고, 페널티가 있는지 여부가 결정된다.

① 가능성이 있는 4가지 원인 : 규칙에서 플레이어가 스트로크를 하기 전에 정지한 볼을 움직이게 할 수 있는 원인으로 규정하는 것은 다음의 4가지뿐이다.
- 자연의 힘(예 바람 또는 물) (골프규칙 9.3 참조)
- 플레이어의 행동과 플레이어 캐디의 행동 (골프규칙 9.4 참조)
- 매치플레이에서 상대방의 행동과 상대방 캐디의 행동 (골프규칙 9.5 참조)
- 스트로크플레이에서 다른 모든 플레이어를 포함한 외부의 영향 (골프규칙 9.6 참조)

② 볼을 움직이게 한 원인을 판단하는 '알고 있거나 사실상 확실한' 기준
- 플레이어나 상대방 또는 외부의 영향이 플레이어의 정지한 볼을 움직이게 한 것을 알고 있거나 사실상 확실한 경우에 한하여, 그것이 그 볼을 움직이게 한 원인으로 간주된다.
- 이 중 하나가 그 원인이었다는 것을 알고 있거나 사실상 확실한 상황이 아닌 경우, 그 볼은 자연의 힘에 의하여 움직인 것으로 간주된다.

이 기준을 적용할 때는 반드시 합리적으로 이용할 수 있는 모든 정보가 고려되어야 한다. 합리적으로 이용할 수 있는 모든 정보는 플레이어가 알고 있는 모든 정보 또는 플레이어가 플레이를 부당하게 지연시키지 않으면서 합리적인 노력으로 얻을 수 있는 모든 정보를 의미한다.

★★★★
Q 46

#골프규칙 9.3 #바람에 공이 움직임

바람에 의해 볼이 움직였을 때의 페널티에 대해 설명하시오.

페널티는 없다. 바람, 물과 같은 자연의 힘에 의해 정지한 볼이 움직였을 때는 페널티는 없으나 볼은 반드시 그 새로운 위치에서 플레이해야 한다.

★★★
Q 47

#골프규칙 9.4 #장비에 걸린 볼이 장비를 치우자 움직인 경우

장비에 걸린 볼이 장비를 치우자 움직인 경우의 페널티에 대해 설명하시오.

페널티는 없다. 그 볼을 리플레이스하면 된다.

★★★
Q 48

#골프규칙 9.4b #고의로 볼을 건드린 경우

고의로 볼을 건드린 경우 페널티에 대해 설명하시오.

그 볼이 움직이지 않았더라도 1벌타를 받는다.

★★★
Q 49

#골프규칙 9.5b #그린에서 타인 볼에 볼마크

퍼팅그린에서 플레이어가 실수로 타인 볼에 마크하고 볼을 집었을 경우의 페널티에 대해 설명하시오.

페널티는 없다.

★★★
Q 50

#골프규칙 9.6 #집어 올린 볼

외부의 영향에 의해 집어 올리거나 움직인 볼에 대해 설명하시오.

외부의 영향(스트로크플레이에서의 다른 플레이어나 다른 볼 포함)으로 플레이어의 정지한 볼이 움직인 경우 페널티는 없으며, 그 볼은 반드시 원래의 지점에 리플레이스하여야 한다(골프규칙 14.2 참조).

그러나 외부의 영향으로 볼이 움직인 것을 알고 있거나 사실상 확실한 상황이 아닌데 그 볼이 분실된 경우, 플레이어는 반드시 규칙 18.2에 따라 스트로크와 거리 구제를 받아야 한다. 다른 플레이어가 플레이어의 볼을 잘못된 볼로 플레이한 경우에는 본 규칙이 아니라 규칙 6.3c(2)가 적용된다.

TIP 규칙 9.6을 위반하여 잘못된 장소에서 플레이한 것에 대한 페널티 : 규칙 14.7a에 따라 일반 페널티

★
Q 51

#골프규칙 10.1b #스트로크 시 클럽 고정방법

스트로크 시 클럽을 고정시켜도 되는 경우와 그렇지 않은 경우에 대해 설명하시오.

스트로크 할 때 클럽을 고정시켜도 허용 가능한 경우는 그립이 팔뚝에 기대어 있거나 팔뚝이나 클럽을 쥔 손이 몸에 닿지 않는 경우이며, 클럽이 배에 닿거나 팔뚝과 클럽을 쥔 손이 가슴에 닿은 경우는 허용되지 않는다.

★★
Q 52

#골프규칙 10.2a #어드바이스 규칙

어드바이스 규칙에 대해 설명하시오.

라운드 동안 플레이어는 경기 중 자신의 캐디 이외 그 누구에게도 어드바이스를 요청해서는 안 된다. 이를 위반하는 경우 2벌타를 받는다.

(TIP) 규칙 10.2a의 위반에 대한 페널티 : 일반 페널티

★★★
Q 53

#골프규칙 10.2a #어드바이스 페널티

플레이 중 어드바이스 요청 시 페널티에 대해 설명하시오.

플레이어가 어드바이스를 요청하거나 제공한 경우 일반 페널티를 받는다.

★★★
Q 54

#골프규칙 10.2b #스트로크 전 클럽으로 목표 조준

스탠스 시 홀 방향을 향해 클럽이나 얼라인먼트 스틱 등을 지면에 놓았을 때의 페널티에 대해 설명하시오.

2페널티를 받는다. 스트로크 하기 전에 그 물건을 제거하였더라도 페널티를 면할 수 없다.

★★★
Q 55

#골프규칙 10.3a #캐디 허용범위

2명의 캐디를 고용할 경우의 페널티에 대해 설명하시오.

일반페널티를 받는다. 플레이어는 한번에 1명의 캐디만 허용된다.

Q 56
★★

#골프규칙 10.3b #캐디 허용범위

캐디가 할 수 있는 언제나 허용되는 행동에 대해 설명하시오.

- 플레이어의 클럽과 장비를 가지고 있고, 운반하고 다루는 행동(카트 운전 및 트롤리 끌기 포함)
- 플레이어의 볼을 찾는 행동(골프규칙 7.1)
- 플레이어가 스트로크를 하기 전에, 플레이어에게 정보·어드바이스·그 밖의 도움을 제공하는 행동(골프규칙 10.2a와 10.2b)
- 벙커를 고르거나 코스를 보호하기 위한 행동(규칙 8.2의 예외, 8.3의 예외, 12.2b(2)와 (3))
- 퍼팅그린에서 모래와 흩어진 흙을 제거하고, 퍼팅그린에 생긴 손상을 수리하는 행동(골프규칙 13.1c)
- 루스임페디먼트와 움직일 수 있는 장해물을 제거하는 행동(골프규칙 15.1과 15.2)

Q 57
★★★

#골프규칙 11.1a #움직이는 볼

움직이고 있는 볼이 우연히 사람이나 외부에 맞아 영향을 준 경우에 대해 설명하시오.

플레이어의 움직이고 있는 볼이 우연히 사람(플레이어 자신 포함)에게 닿은 경우
- 어떤 플레이어에게도 페널티는 없다.
- 그 볼이 플레이어, 상대방, 다른 플레이어, 다른 플레이어들의 캐디, 장비를 맞힌 경우에도 페널티는 없다.
- 예외 : 스트로크 플레이에서 퍼팅을 한 볼이 같은 그린에 정지한 다른 볼을 맞힌 경우 플레이어는 **일반 페널티(2벌타)**를 받는다.

Q 58
★★★

#골프규칙 11.1a #퍼팅그린에서 볼을 맞췄을 때

스트로크 플레이 시 움직이고 있는 볼이 퍼팅그린에 정지한 볼을 맞췄을 때의 페널티에 대해 설명하시오(스트로크 전 둘 다 퍼팅그린에 있는 경우).

플레이어는 일반 페널티 2벌타를 받는다.

Q 59
★★

#골프규칙 11.1a #구제구역의 위치 제한

구제구역의 위치 제한에 대해 설명하시오.

- 반드시 기준점과 동일한 코스의 구역에 있어야 한다.
- 기준점보다 홀에 더 가깝지 않아야 한다.
- 구제구역은 구제를 받으려고 하는 상태로부터 더 이상 방해를 받지 않아야 한다.

#골프규칙 11.1b #동물이 볼을 집어감

라운드 중 까마귀가 볼을 물어가 버렸을 경우의 페널티에 대해 설명하시오.

페널티는 없다. 단, 반드시 원래의 지점(위치를 모를 경우에는 지점 추정)으로 볼을 리플레이스해야 한다.

#골프규칙 13.1b #그린 위 우선순위

볼이 퍼팅그린에 있는 경우 우선순위에 대해 설명하시오.

- 퍼팅그린에 있는 볼은 집어 올리거나 닦을 수 있다(골프규칙 14.1 참조).
- 퍼팅그린에 있는 볼을 집어 올리기 전에는 반드시 그 볼의 지점을 마크하여야 하고 (골프규칙 14.1 참조), 그 볼은 반드시 원래의 지점에 리플레이스하여야 한다(골프규칙 14.2 참조).

  (TIP) 볼을 집어 올리기 전에 그 볼의 지점을 마크하지 않고 집어올린 후 스트로크시 1벌타를 받는다.

#골프규칙 13.1c #그린에서 허용되는 개선범위

퍼팅그린에서 허용되는 개선에 대해 설명하시오.

라운드 동안과 규칙 5.7a에 따라 플레이가 중단된 동안, 그 볼이 퍼팅그린에 있든 퍼팅그린 밖에 있든 관계없이, 플레이어는 퍼팅그린에서 다음과 같은 행동을 할 수 있다.
- 모래와 흩어진 흙 제거 : 퍼팅그린에 있는 모래와 흩어진 흙은 페널티 없이 제거할 수 있다.
- 손상 수리 : 퍼팅그린을 원래 상태와 가능한 한 가장 가까운 상태로 복구시키기 위한 합리적인 행동으로 페널티 없이 퍼팅그린의 손상을 수리할 수 있다.
  - 그러나 반드시 손 · 발 · 그 밖의 신체의 일부 · 볼 자국 수리기 · 티 · 클럽 · 그것과 유사한 일반적인 장비를 사용하여 그 손상을 수리하여야 하며,
  - 퍼팅그린의 손상을 수리하느라 플레이를 부당하게 지연시켜서는 안 된다(골프규칙 5.6a 참조).
- 플레이어가 퍼팅그린을 원래의 상태로 복구시키기 위한 합리적인 행동이라고 하기에는 지나친 행동(예 홀에 이르는 경로를 만들거나 허용되지 않는 물체를 사용하는 행동)으로 퍼팅그린을 개선한 경우, 플레이어는 규칙 8.1a의 위반에 대하여 일반 페널티를 받는다.
- '퍼팅그린의 손상'은 사람(플레이어 자신 포함)이나 외부의 영향으로 인하여 생긴 다음과 같은 손상을 의미한다.

★★
Q 62

- 볼 자국 · 신발로 인한 손상(예 스파이크 자국) · 장비나 깃대에 긁히거나 찍힌 자국
- 전에 쓰던 홀을 메운 부분 · 뗏장을 덧댄 부분 · 잔디 이음매 · 코스 관리도구나 차량에 긁히거나 찍힌 자국
- 동물의 발자국이나 발굽 자국
- 지면에 박힌 물체(예 돌멩이, 도토리, 우박, 티) 및 그 물체에 의하여 패인 자국
• 다음과 같은 원인으로 생긴 손상이나 상태는 '퍼팅그린의 손상'에 포함되지 않는다.
- 퍼팅그린의 전반적인 상태를 유지하기 위한 일상적인 작업(예 에어레이션 구멍, 잔디를 수직으로 깎는 작업으로 인하여 생긴 홈)
- 급수, 비, 그 밖의 자연의 힘
- 그린 표면의 자연적인 손상(예 그린에 난 잡초 또는 잔디가 죽거나 병들거나 고르지 않게 자란 부분)
- 홀이 자연적으로 마모된 부분

★★★
Q 63

#골프규칙 13.1c #퍼팅그린 손상에 포함되지 않는 경우
퍼팅그린 손상에 포함되지 않는 경우에 대해 설명하시오.

• 급수, 비, 그 밖의 자연의 힘
• 퍼팅그린의 일상적인 작업(에어레이션 구멍, 잔디를 깎으면서 생긴 홈)
• 홀이 자연적으로 마모된 경우
• 그린 표면의 자연적인 손상(잡초가 죽어서 고르지 않은 부분)

★★
Q 64

#골프규칙 13.1f #잘못된 그린 구제방법
잘못된 그린에서의 구제방법에 대해 설명하시오.

잘못된 그린으로 인한 방해가 있는 경우, 플레이어는 그 볼을 놓인 그대로 플레이해서는 안 된다.
플레이어는 반드시 다음의 조건을 모두 충족시키는 구제구역에 원래의 볼이나 다른 볼을 드롭하여 페널티 없는 구제를 받아야 한다(골프규칙 14.3 참조).
• 기준점 : 원래의 볼이 정지한 코스의 구역과 동일한 구역에 있는 가장 가까운 완전한 구제지점
• 구제구역의 크기 : 기준점으로부터 한 클럽 길이 이내의 구역
• 구제구역의 위치 제한
- 구제구역은 반드시 기준점과 동일한 코스의 구역에 있어야 한다.
- 기준점보다 홀에 더 가깝지 않아야 한다.
- 반드시 그 잘못된 그린으로 인한 모든 방해로부터 완전한 구제를 받는 구역이어야 한다.

★★ Q 65

#골프규칙 13.2a #볼이 깃대를 맞힌 경우

볼이 홀에 꽂혀 있는 깃대를 맞힌 경우의 페널티에 대해 설명하시오.

페널티는 없고, 볼은 반드시 놓인 그대로 플레이하여야 한다.

★★ Q 66

#골프규칙 13.2c #깃대에 정지한 볼

홀에 꽂혀있는 깃대에 기댄 채 정지한 볼에 대해 설명하시오.

- 그 볼의 일부라도 퍼팅그린의 표면 아래의 홀 안에 있는 경우, 볼 전체가 그 표면 아래에 있지 않더라도, 그 볼은 홀에 들어간 것으로 간주된다.
- 그 볼의 어떤 부분도 퍼팅그린의 표면 아래의 홀 안에 있지 않은 경우
  - 그 볼은 홀에 들어간 것이 아니므로, 반드시 놓인 그대로 플레이하여야 한다.
  - 깃대를 제거하자 그 볼이 움직인 경우(홀 안으로 떨어지든 홀 밖으로 움직이든). 페널티는 없으며 그 볼은 반드시 홀 가장자리에 리플레이스하여야 한다(규칙14.2 참조).

★★★ Q 67

#골프규칙 14.1c #볼을 닦을 수 있는 기준

집어 올린 볼을 닦을 수 있는 기준에 대해 설명하시오.

퍼팅그린에서 집어 올린 볼은 언제든지 닦을 수 있다(골프규칙 13.1b 참조).
어느 곳에서든 집어 올린 볼은 항상 닦을 수 있다. 다만 다음과 같은 경우는 예외이다.

- 볼이 갈라지거나 금이 갔는지 확인하기 위하여 볼을 집어 올린 경우 : 그 볼을 닦는 것이 허용되지 않는다(골프규칙 4.2c(1) 참조).
- 자신의 볼인지 확인하기 위하여 볼을 집어 올린 경우 : 그 볼을 확인하는 데 필요한 정도로만 닦는 것이 허용된다(골프규칙 7.3 참조).
- 플레이에 방해가 되기 때문에 볼을 집어 올린 경우 : 그 볼을 닦는 것이 허용되지 않는다(골프규칙 15.3b(2) 참조).

플레이어가 본 규칙에 따라 볼을 닦는 것이 허용되지 않을 때 자신의 볼을 닦은 경우, 플레이어는 1벌타를 받는다. 그 볼을 집어 올렸던 경우, 반드시 리플레이스하여야 한다.

#골프규칙 14.1c #볼 닦기 예외조항

퍼팅그린에서 집어 올린 볼을 닦을 수 없는 경우에 대해 설명하시오.

★★★
Q 68

- 볼이 갈라지거나 금이 갔는지 확인하기 위하여 집어 올린 경우
- 자신의 볼인지 확인하기 위하여 집어 올린 경우
- 플레이에 방해가 되기 때문에 집어 올린 경우
- 구제가 허용되는 상태에 놓인 볼인지 확인하기 위하여 집어 올린 경우(구제를 받을 수 없는 경우)

#골프규칙 14.2b #리플레이스

반드시 볼을 리플레이스하여야 하는 사람과 리플레이스하여야 하는 방법에 대해 설명하시오.

★★
Q 69

- 규칙에 따라 반드시 플레이어의 볼을 리플레이스하여야 하는 사람은 플레이어 또는 그 볼을 집어 올렸거나 움직이게 한 사람뿐이다.
- 리플레이스하는 것이 허용되지 않는 사람이 리플레이스한 볼을 플레이한 경우, 플레이어는 **1벌타**를 받는다.
- 반드시 볼을 리플레이스하여야 하는 방법으로는 그 볼을 리플레이스할 때는 반드시 요구되는 지점에 손으로 내려놓고 그 볼이 그 지점에 그대로 멈추도록 리플레이스하여야 한다.
- 요구되는 지점에 리플레이스하였지만 잘못된 방법으로 리플레이스한 볼을 플레이한 경우, 플레이어는 **1벌타**를 받는다.

#골프규칙 14.3b #올바른 드롭방법

올바른 드롭방법에 대해 설명하시오.

★★★
Q 70

- 드롭은 반드시 플레이어가 직접 하여야 한다.
- 드롭의 위치는 무릎높이로 떨어질 때 플레이어나 장비에 닿지 않아야 한다.
- 반드시 구제구역(또는 선상)에 볼을 드롭하여야 한다.

★★
Q 71

올바른 방법으로 드롭한 볼이 구제구역 밖에 정지한 경우의 처리방법에 대해 설명하시오.

- 올바른 방법으로 드롭한 볼이 구제구역 밖에 정지한 경우, 플레이어는 반드시 올바른 방법으로 볼을 두 번째로 드롭하여야 한다.
- 두 번째로 드롭한 볼도 구제구역 밖에 정지한 경우, 플레이어는 반드시 골프규칙 14.2b(2)와 14.2e의 리플레이스 절차를 사용하여 플레이스함으로써 완전한 구제를 받아야 한다.
  - 플레이어는 반드시 두 번째로 드롭된 볼이 최초로 지면에 닿은 지점에 볼을 플레이스하여야 한다.
  - 플레이스된 볼이 그 지점에 멈춰 있지 않는 경우, 플레이어는 반드시 그 지점에 두 번째로 볼을 플레이스하여야 한다.
  - 두 번째로 플레이스된 볼도 그 지점에 멈춰 있지 않는 경우, 플레이어는 반드시 규칙 14.2e의 한도 내에서 볼이 멈춰 있을 수 있는 가장 가까운 지점에 볼을 플레이스하여야 한다. 이렇게 플레이스되는 경우, 그 볼은 그 구제구역 밖에 놓이게 될 수도 있다.

★★★
Q 72

#골프규칙 14.3c #올바르게 드롭한 볼

올바르게 드롭한 볼이 구제구역 밖에 정지한 경우 처리방법에 대해 설명하시오.

- 두 번째로 드롭한 볼도 구제구역 밖에 정지한 경우, 두 번째로 드롭된 볼이 최초로 지면에 닿은 지점에 볼을 플레이스한다.
- 두 번째로 플레이스 된 볼도 그 지점에 멈춰 있지 않을 경우 14.2e(홀에 더 가깝지 않아야 함)의 범위 내 볼이 멈출 수 있는 가장 가까운 지점에 볼을 플레이스한다 (구제구역 밖에 놓일 수도 있다).

★★
Q 73

#골프규칙 14.6 #스트로크

직전의 스트로크를 한 곳에서 다음 스트로크를 하는 경우에 대해 설명하시오.

① 티잉구역에서 직전의 스트로크를 한 경우에는 규칙 6.2b에 따라, 티잉구역 안에서 원래의 볼이나 다른 볼을 플레이하여야 하며, 티를 사용할 수도 있다.

★★ Q 73

② 일반구역, 페널티구역, 벙커에서 직전의 스트로크를 한 경우에는 반드시 다음의 조건을 모두 충족시키는 구제구역에 원래의 볼이나 다른 볼을 드롭하여야 한다(골프규칙 14.3 참조).

- 기준점 : 직전의 스트로크를 한 지점(그 지점을 알 수 없는 경우에는 반드시 추정하여야 한다.)
- 구제구역의 크기 : 기준점으로부터 한 클럽 길이 이내의 구역
- 구제구역의 위치 제한
  - 구제구역은 반드시 기준점과 동일한 코스의 구역에 있어야 함
  - 기준점보다 홀에 더 가깝지 않아야 함

★★★ Q 74

#골프규칙 14.7a #잘못된 장소 플레이

잘못된 장소에서 플레이 한 경우에 대해 설명하시오.

홀을 시작한 후

- 플레이어는 반드시 자신의 볼이 정지한 곳에서 각 스트로크를 하여야 한다. 다만 골프규칙에서 플레이어가 다른 장소에서 플레이할 것을 요구하거나 허용하는 경우는 예외다(골프규칙 9.1 참조).
- 플레이어는 잘못된 장소에서 자신의 인플레이 상태의 볼을 플레이해서는 안 된다.

TIP 규칙 14.7a를 위반하여 잘못된 장소에서 플레이한 것에 대한 페널티 : 일반 페널티

★★★ Q 75

#골프규칙 14.7a #잘못된 장소 플레이

잘못된 장소에서 플레이한 경우 페널티에 대해 설명하시오.

플레이어는 일반 페널티를 받는다.

★★★ Q 76

#골프규칙 15.1a #루스임페디먼트 제거기준

루스임페디먼트를 제거할 수 있는 기준에 대해 설명하시오.

페널티 없이, 플레이어는 코스 안팎 어디에서나 루스임페디먼트를 제거할 수 있다.

- 루스임페디먼트 예외사항 2가지
  - 반드시 볼을 리플레이스하여야 할 곳에 있는 루스임페디먼트를 제거한 경우
  - 움직이고 있는 볼에 영향을 미치기 위하여 고의로 루스임페디먼트를 제거한 경우

★★★
Q 77

#골프규칙 15.1a #페널티 없는 구제

페널티 없는 구제에 대해 설명하시오.

- 루스임페디먼트
- 움직일 수 있는 장애물
- 비정상적인 코스상태(수리지, 동물이 판 구멍, 움직일 수 없는 장애물, 일시적으로 고인 물)

★★
Q 78

#골프규칙 15.2a # 장해물 구제

움직일 수 있는 장해물로부터의 구제에 대해 설명하시오.

페널티 없이, 플레이어는 코스 안에서 움직일 수 있는 장해물을 제거할 수 있다. 그러나 다음과 같은 두 가지 경우는 예외이다.

- 예외 1 : 티잉구역에서 볼을 플레이할 경우, 티잉구역의 티마커들을 움직여서는 안된다(골프규칙 6.2b(4)와 8.1a(1) 참조).
- 예외 2 : 움직이고 있는 볼에 영향을 미치기 위하여 움직일 수 있는 장해물을 고의로 제거하는 것에 대한 제한(골프규칙 11.3 참조).
- 플레이어가 움직일 수 있는 장해물을 제거하다가 플레이어의 볼을 움직인 경우
    - 페널티는 없다.
    - 그 볼은 반드시 원래의 지점에 리플레이스하여야 한다(골프규칙 14.2 참조).

★★★★
Q 79

#골프규칙 16.1a #비정상적인 코스 구제 허용범위

비정상적인 코스상태로부터 구제가 허용되는 경우에 대해 설명하시오.

- 플레이어의 볼이 비정상적인 코스상태에 닿아 있거나 그 비정상적인 코스상태의 안이나 위에 있는 경우
- 비정상적인 코스상태가 플레이어의 의도된 스탠스 구역이나 의도된 스윙 구역에 물리적으로 방해가 되는 경우
- 플레이어의 볼이 퍼팅그린에 있는 경우에 한하여, 퍼팅그린 안팎의 비정상적인 코스상태가 플레이 선상에 개재하는 경우

벙커에 있는 비정상적인 코스상태로부터의 구제받는 경우에 대해 설명하시오.

★★★
Q 80

벙커 안에 물이 고여 있는 등 비정상적인 코스상태에서 구제를 받는 방법

- 벌타 없이 구제받는 경우 : 볼이 원래 있던 지점에서 비정상적인 코스상태(고인 물 등)를 피해서 가장 가까운 위치를 찾는다. 그 위치에서 홀과 가깝지 않게 한 클럽 거리 내에 구제를 받을 수 있다.
- 1벌타를 받고 구제받는 경우 : 홀과 공의 후방 선상으로 거리의 제한 없이 구제받을 수 있다. 벙커 밖으로 나가 구제를 받고 플레이할 수도 있다.

위험한 동물이 있는 상태로부터의 구제에 대해 설명하시오.

★★
Q 81

위험한 동물(말벌, 개미, 곰, 악어 등)로부터 신체적 위험을 받을 수 있는 경우 구제받을 수 있다.

- 볼이 페널티구역 이외의 곳에 있는 경우 위험한 동물로부터 벗어나 가장 가까운 구제 지점에서 한 클럽 거리 내에 구제받는다.
- 볼이 페널티구역에 있는 경우 아래 두 가지 방법 중 하나로 구제받을 수 있다.
  - 페널티 없는 구제 : 페널티구역 안에서 그대로 플레이하며, 마찬가지로 가장 가까운 구제 지점에서 한 클럽 거리 내에 구제받는다.
  - 페널티 구제 : 페널티구역 밖으로 벗어나 플레이를 한다.

박힌 볼의 구제가 허용되는 경우에 대해 설명하시오.

★★★★
Q 82

플레이어의 볼이 일반구역에 박힌 경우에만 박힌 볼의 구제가 허용된다.

- 예외로 일반구역에 박힌 볼에 대한 구제가 허용되지 않는다.
  - 페어웨이 잔디의 길이와 같거나 그보다 짧게 깎여 있지 않은 일반구역에 있는 모래에 볼이 박힌 경우
  - 박힌 볼 때문이 아니라 페널티 없는 구제가 허용되지 않는 다른 이유 때문에, 플레이어가 그 볼을 놓인 그대로 플레이하기가 명백하게 불합리한 경우(예 볼이 덤불 속에 놓여있기 때문에 플레이어가 스트로크를 할 수 없는 경우)

페널티구역에 대해 설명하시오.

★★★
Q 83

페널티구역은 볼이 정지했을 때, 1페널티를 받고 구제받을 수 있는 구역을 말한다.

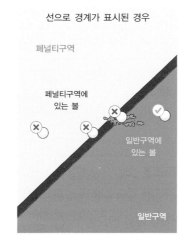

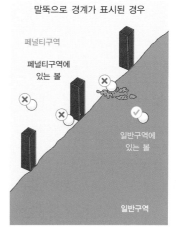

플레이어의 볼이 노란 페널티구역에 있을 경우 볼에 대한 구제방법에 대해 설명하시오.

★★★★
Q 84

1페널티를 받고, 아래 두 가지 구제방법 중 한 가지 방법을 선택할 수 있다.

● 스트로크와 거리 구제
● 후방선 구제

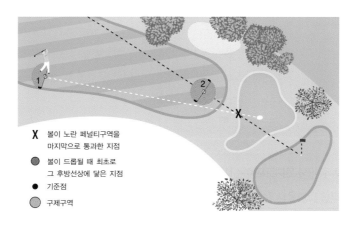

#골프규칙 17.1d #페널티구역 볼 구제

플레이어의 볼이 빨간 페널티구역에 있을 경우 볼에 대한 구제방법에 대해 설명하시오.

– **1페널티**를 받고, 아래 세 가지 구제방법 중 한 가지 방법을 선택할 수 있다.
① 스트로크와 거리구제
② 후방선 구제
③ 측면 구제

★★★★
Q 85

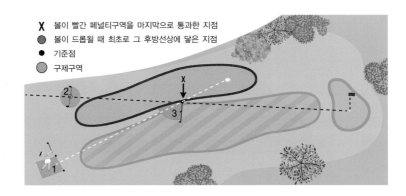

X 볼이 빨간 페널티구역을 마지막으로 통과한 지점
● 볼이 드롭될 때 최초로 그 후방선상에 닿은 지점
● 기준점
● 구제구역

#골프규칙 18.1 #스트로크, 페널티 구제

스트로크와 거리구제 페널티에 대해 설명하시오.

● 언제든지, 플레이어는 **1벌타**를 추가하고 직전의 스트로크를 한 곳에서 원래의 볼이나 다른 볼을 플레이하여 스트로크와 거리 구제를 받을 수 있다(골프규칙 14.6 참조).

● 다음과 같이, 플레이어는 항상 스트로크와 거리 구제를 선택할 수 있다.
 – 플레이어의 볼이 코스 어디에 있든 관계없이
 – 규칙에서 플레이어가 특정한 방법으로 구제를 받거나 특정한 장소에서 플레이할 것을 요구하는 경우에도 플레이어는 스트로크와 거리 구제를 선택할 수 있다.

★★★
Q 86

● 플레이어가 스트로크와 거리의 페널티를 받고 다른 볼을 인플레이한 경우(골프규칙 14.4 참조)
 – 원래의 볼은 더 이상 인플레이 상태의 볼이 아니므로, 그 볼을 플레이해서는 안 된다.

★★★ Q 86

– 볼 찾기에 허용되는 시간(3분)이 종료되기 전에 원래의 볼이 코스에서 발견되더라도 그 볼은 더 이상 인플레이 상태가 아니므로, 그 볼을 플레이해서는 안 된다(골프규칙 6.3b 참조).

● 다음과 같이 직전의 스트로크를 한 곳에서 볼을 플레이하여야 하는 경우에는 본 규칙이 적용되지 않는다.
 – 플레이어가 프로비저널볼을 플레이한다고 선언하는 경우(골프규칙 18.3b 참조)
 – 플레이어가 규칙 14.7b 또는 20.1c(3)에 따라 두 번째 볼을 플레이하는 경우

★★★ Q 87

#골프규칙 18.2a #OB

볼이 분실되거나 아웃오브바운즈(OB)에 있는 경우에 대해 설명하시오.

● 분실된 볼 : 플레이어나 플레이어의 캐디가 볼을 찾기 시작한 후 3분 안에 발견해야 하며 그렇지 않은 경우 분실된 공이다.
● 아웃오브바운즈된 볼 : 볼의 전체가 아웃오브바운즈(OB)를 표시한 경계선 또는 말뚝 밖에 있는 경우 아웃오브바운즈된 볼이다. 하지만 볼의 일부라도 코스 안의 지면이 닿아 있는 경우 아웃오브바운즈된 볼이 아니다.

★★★ Q 88

#골프규칙 18.2a #분실된 볼

분실된 볼에 대해 설명하시오.

볼을 찾기 시작한 후 3분 안에 발견되지 않은 볼을 뜻한다.

★★★ Q 89

#골프규칙 18.2a #3분 내 발견 못한 볼

스트로크 한 볼을 찾는데 3분이 넘었을 경우 페널티에 대해 설명하시오.

3분 안에 발견되지 않은 볼은 분실된 볼로 처리되어, 1페널티를 받고 티잉구역으로 돌아가 다시 볼을 쳐야 한다.
3분이 종료된 후에 코스에서 볼이 발견되더라도 잘못된 볼로 플레이해서는 안 된다.

프로비저널볼 선언 방법에 대해 설명하시오.

★★★★
Q 90

반드시 프로비저널볼을 하려 한다고 선언을 하고 스트로크를 해야 한다. 특히, 플레이어는 반드시 "프로비저널볼"이라는 용어를 사용하여 잠정적으로 볼을 플레이한다는 의사를 명백하게 나타내야 한다.

만약, 플레이어 주변에 아무도 없을 경우 플레이어는 프로비저널볼 플레이 후 누군가에게 알릴 수 있는 것이 가능해졌을 때 방금 프로비저널볼을 플레이 한 것이라는 것을 알릴 수도 있다.

프로비저널볼이라고 선언하지 않고, 스트로크 했을 경우의 페널티에 대해 설명하시오.

★★★★
Q 91

1페널티를 받는다(의도와 상관없이). 또한 원구를 포기하고, 선언하지 않고 친 그 볼로 플레이한다.

프로비저널볼을 여러 번 쳤을 경우의 페널티에 대해 설명하시오.

★★★★
Q 92

페널티는 없다. 같은 지점에서 프로비저널볼을 플레이한 경우, 몇 번을 쳐도 그 볼은 프로비저널볼이다.

단, 사전에 프로비저널볼이라는 말을 선언하고 스트로크하여야 한다.

프로비저널볼 플레이 후 원구를 찾았으나 칠 수가 없는 상황이라 프로비저널 볼로 쳤을 경우의 페널티에 대해 설명하시오.

★★★★
Q 93

2페널티를 받는다. 원구가 분실되지 않았기 때문에 프로비저널볼을 포기한 후 원구로 플레이해야 한다. 프로비저널볼로 플레이하면 잘못된 볼을 치는 것으로 되기 때문에 2페널티를 받는 것이다.

★★★★
Q 94

#골프규칙 18.3c #원구, 프로비저널볼 구분 불가

프로비저널볼과 원구(초구) 구분이 안 될 경우 페널티에 대해 설명하시오.

1페널티를 받는다. 플레이어는 사전에 볼을 확인하기 위한 합리적인 노력(볼에 식별 표시)을 해야 한다.

★★
Q 95

#골프규칙 19.2a #언플레이볼 구제

벙커에서 언플레이볼을 구제받을 수 있는 경우에 대해 설명하시오.

- 1벌타 받고, 스트로크와 거리 구제
- 1벌타 받고, 벙커 안에서 후방선 구제
- 1벌타 받고, 벙커 안에서 측변 구제
- 총 2벌타 받고, 벙커 밖에서 후방선 구제

★★★
Q 96

#골프규칙 24.4c #원하지 않는 어드바이스

원하지 않는 어드바이스(스윙자세 지적)를 받았을 경우의 페널티에 대해 설명하시오.

라운드 동안 자신의 캐디 이외 어느 누구에게도 어드바이스를 요구할 수 없다. 원하지 않는 어드바이스를 받았을 경우에는 어드바이스를 한 플레이어에게 일반 페널티가 적용된다. 만약, 다른 플레이어에게 어드바이스를 요구하고, 요구를 받은 플레이어가 어드바이스를 했다면 두 명 모두 **일반 페널티**가 적용된다.

★★★
Q 97

#골프규칙 24.4c #어드바이스 예외

7번째 홀을 플레이하는 동안, 플레이어가 다른 플레이어에게 그 홀과 비슷한 거리인 파4홀인 3번째 홀에서 어떤 클럽을 사용했는지 물어보았을 경우의 페널티에 대해 설명하시오.

지난 홀에서 사용한 클럽을 묻는 것은 어드바이스에 해당되지 않는다.

Q 98 ★★

#골프규칙 25.2a #시각장애인 조력자의 범위

시각장애인이 조력자에게 도움을 받을 범위에 대해 설명하시오.

- 스탠스 취할 때
- 스트로크 전 목표지점을 조준할 때
- 어드바이스를 요청하고, 얻을 수 있다.

단. 조력자는 플레이어의 클럽을 운반하거나 취급하면 안 되며, 한 번에 1명의 조력자만 허용된다. 위반 시 일반 페널티를 받는다.

Q 99 ★★

#골프규칙 25.2b #시각장애인 스탠스

시각장애인이 스탠스 시 도움받기 위해 물건을 올려놓았을 때의 페널티에 대해 설명하시오.

스트로크 전에 그 물체를 제거했다면 페널티는 없다. 제거하지 않았을 경우 **일반 페널티**를 받는다.

Q 100 ★★

#골프규칙 25.2 #시각장애인 벙커 모래

시각장애인이 벙커의 모래를 건드렸을 경우의 페널티에 대해 설명하시오.

벙커에서 스트로크하면서 모래를 건드려도 페널티는 없다.
단. 라이 개선은 일반 페널티를 받는다.

LESSON 02 지도방법

※ "지도방법"은 키워드 가나다순으로 정리되었습니다.

※ ★ 개수가 많을수록 출제 빈도율이 높습니다.

★★★
Q 1

#경직된 백스윙 지도방법

경직된 백스윙 지도방법에 대해 설명하시오.

티잉 에어리어에 올라가면 긴장이 되어 근육이 수축하게 되는데 큰 심호흡을 하면 근육의 긴장이 풀리면서 몸이 부드러워진다.

★★
Q 2

#골프공 종류

구조에 따른 골프공 종류에 대해 설명하시오.

골프공 종류	구조	특징	주요 사용자
1 Piece	하나의 복합탄성체	연습장 볼	연습용, 초보
2 Piece	core + 커버	높은 비거리	여성, 시니어
3 Piece	core + 맨틀 + 커버	좋은 타구감	프로, 싱글 골퍼
4 Piece	core + 이너맨틀 + 미들맨틀 + 커버	좋은 타구감	프로, 싱글 골퍼

* 가격은 1 Piece < 2 Piece < 3 Piece < 4 Piece순으로 고가임

★★
Q 3

#골프도구 보관방법

골프도구 보관방법에 대해 설명하시오.

골프클럽은 반드시 커버를 씌우고, 습기가 많은 지하를 피하고, 자동차 트렁크처럼 흔들리는 곳이 아닌 흔들리지 않는 실내의 서늘한 곳에 보관하는 것이 좋다.

★★
Q 4

#골프스윙 단계

골프스윙 순서에 대해 설명하시오.

어드레스 → 테이크백 → 백스윙 → 백스윙탑 → 다운스윙 → 임팩트 → 팔로우 스루 → 피니시

★★★★★
Q 5

#골프클럽 종류

골프클럽의 종류와 명칭에 대해 설명하시오.

- 우드
  - 1번 우드 : 드라이버(driver)
  - 2번 우드 : 브러쉬(brash)
  - 3번 우드 : 스푼(spoon)
  - 4번 우드 : 버피(buffy)
  - 5번 우드 : 클리크(cleek)
  - 7번 우드 : 헤븐 우드(heaven wood)
  - 9번 우드 : 디바인 나인(divine nine)
- 아이언
  - 1번 아이언 : 드라이빙 아이언(Driving Iron)
  - 2번 아이언 : 미드 아이언(Mid Iron)

★★
Q 6

#그루브

그루브의 발전단계에 대해 설명하시오.

그루브는 클럽헤드에 일정한 간격으로 파인 홈을 뜻한다. 그루브는 임팩트 순간 마찰력을 높여 공의 회전을 가해 강한 백스핀을 만드는데 초창기에는 V자형(단조클럽) 그루브를 사용하다 이후 U자형(주조클럽)에 U자형 글로브로 변형이 되었다. 이후 ㄷ자형 그루브가 나왔으나 USGA에서 사용금지로 현재는 U, V형을 많이 사용한다.

★★★
Q 7

#그린 지도방법

그린에서의 지도방법에 대해 설명하시오(기술적 부분 제외).

- 공이 그린에 올라가면 홀과의 일직선상으로 볼의 바로 뒤쪽에 마크를 한다.
- 동반자가 퍼팅 시 시야에 방해가 되지 않도록 주의하고, 움직이지 않는다.
- 퍼팅라인을 읽을 때는 많은 시간을 소모하지 않는다.

- 자신의 퍼팅 종료 후 동반자들보다 먼저 그린을 떠나지 않는다.
- 그린을 보호하며 스파이크 자국을 남기지 않도록 주의한다.
- 볼이 그린에 떨어져 생긴 마크를 발견 시 수리한다.

#그립종류

양손 결합방식에 따른 그립 종류에 대해 설명하시오.

- 오버래핑 그립
    - 오른쪽 새끼손가락을 왼손 집게손가락 위에 올려서 잡는 방법이다.
    - 보편적으로 손가락이 길며, 힘이 좋은 유형의 골퍼에게 적합하다.
- 베이스볼 그립(=텐 핑거 그립, 열손가락 그립)
    - 야구의 배트를 쥐듯이 양손의 모든 손가락으로 그립을 잡는 방법이다.
    - 손목 힘이 약한 여성 골퍼나 어린아이들에게 알맞다.
- 인터로킹 그립
    - 오른손 새끼손가락과 왼손의 검지를 함께 깍지를 끼워 잡는 방법이다.
    - 손이 작고 손가락이 짧은 사람에게 알맞다.

오버래핑 그립	베이스볼 그립	인터로킹 그립

#나무 사이 리커버리 방법

울창한 나무 사이로 공이 들어갔을 경우의 스윙에 대해 설명하시오.

볼을 높이 띄우려 하기보다 우드나 유틸리티를 활용한다. 아이언이나 웨지를 사용할 경우 뒤땅으로 인해 거리가 짧아질 수 있기 때문이다.

#동영상 촬영이유

정면과 측면을 동영상으로 촬영하는 이유

- 본인의 골프 스윙을 객관적으로 분석할 수 있다.
- 정면 영상 촬영 시 몸의 기울기와 흔들림, 체중 이동 여부를 확인할 수 있다.
- 측면 영상 촬영 시 스윙 궤도와 페이스의 움직임을 확인할 수 있다.

★★★
Q 11

#디봇 탈출방법
페어웨이에서 디봇 탈출방법에 대해 설명하시오.

왼발에 체중을 실어 백스윙한다. 그 다음 마지막 왼발에 무게중심을 둔채 스윙을 한다. 볼을 위에서부터 눌러 치듯이 스윙하면 된다.

★★
Q 12

#러프 스윙방법
잔디가 긴 러프에서 스윙하는 방법에 대해 설명하시오.

러프에서 빈스윙을 해본다. 빈스윙 시 잔디의 저항 때문에 스윙스피드가 떨어지거나 클럽페이스가 돌아간다면 더 짧은 아이언으로 샷하도록 한다. 아이언의 길이가 짧아진 만큼 팔로우 스루가 좋아지면서 플라이어가 일어나 평소보다 공이 멀리 날아간다. 롱 아이언일수록 거리가 줄어든다는 뜻이다.

★★★★
Q 13

#로프트 각, 라이 각
로프트 각, 라이 각에 대해 설명하시오

• 로프트 각 : 샤프트와 페이스 면 사이 각도를 로프트 각이라고 하며, 이 각도가 클수록 공은 뜨게 된다.
• 라이 각 : 샤프트의 라인과 리딩에지 사이의 각도를 말한다.
  라이 각이 높으면 훅의 원인이 되고, 라이 각이 낮으면 슬라이스의 원인이 된다.

로프트 각

라이 각

★★
Q 14

#릴리즈
릴리즈에 대해 설명하시오.

스윙 시 손의 힘을 빼고 임팩트 시 헤드 스피드를 가속시키는 스윙이다.

★
Q 15

#릴리즈 포인트

릴리즈 포인트에 대해 설명하시오.

릴리스 효과의 최대 지점을 뜻한다.

★★★
Q 16

#머리가 움직일 때 지도방법

머리가 움직일 때 지도방법에 대해 설명하시오.

- 벽을 마주보고 서서 어드레스를 취한다.
- 방석이나 베개를 벽에 대로 머리를 고정시킨다.
- 백스윙. 다운스윙. 임팩트 할 때 머리는 고정되어 있어야 한다.
- 클럽이 자연스럽게 볼의 두 쪽을 향하도록 연습을 한다.

★★★★
Q 17

#발끝 내리막 지도방법

발끝 내리막에 볼이 있는 경우 지도방법에 대해 설명하시오.

볼이 발 보다 낮은 위치에 있기 때문에 스탠스를 넓게 하고 자세를 낮춘다. 평지보다 라이 각이 낮아지기 때문에 공이 오른쪽으로 가는 경향이 있으므로 원하는 목표 방향보다 왼쪽을 겨냥한다. 스윙은 3/4만 하고, 한 클럽 큰 것을 선택한다.

★★★★
Q 18

#발끝 오르막 지도방법

발끝 오르막에 볼이 있는 경우 지도방법에 대해 설명하시오.

볼이 발 보다 높은 위치에 있기 때문에 클럽을 1~2cm 정도 짧게 잡는다. 평지보다 라이 각이 높아지기 때문에 공이 왼쪽으로 가는 경향이 있으므로 원하는 목표 방향보다 오른쪽을 겨냥한다. 스윙은 3/4만 하고, 한 클럽 큰 것을 선택한다.

★★★
Q 19

#백스윙 시 힘이 많이 들어갈 경우 지도방법

백스윙 시 힘이 많이 들어갈 경우 지도방법에 대해 설명하시오.

백스윙 시 힘이 많이 들어가면 근육이 경직되어 스윙이 부자연스럽다. 릴리즈도 안 되고, 헤드 스피드 또한 저하된다. 이럴 경우에는 숨을 내쉬면서(날숨) 긴장을 풀어준다. 날숨은 스윙의 템포를 적정수준으로 유지시키는 데 도움을 준다.

Q 20 ★★★★

#벙커 V라인, U라인

벙커에서 V라인과 U라인의 벙커스윙 차이점에 대해 설명하시오.

- V자 스윙은 U자 스윙에 비해 다운스윙이 가파르게 내려온다. 벙커에서 파묻힌 공을 칠 때 적합하다.
- U자 스윙은 V자 스윙에 비해 다운스윙이 넓고 평탄하게 내려오며 평평한 벙커에서 치기 적합하다.

Q 21 ★★★

#벙커 거리조절방법

벙커에서 거리조절방법 세 가지에 대해 설명하시오

① 클럽페이스의 오픈 정도에 따라 거리를 조절한다. 페이스가 스퀘어에 가까울수록 거리가 많이 나가며, 페이스를 많이 오픈할수록 거리가 적게 나간다.
② 스윙 크기에 따라 거리를 조절한다.
③ 볼 위치에 따라 거리와 탄도를 조절한다. 볼의 위치가 왼쪽으로 갈수록 탄도가 높게 나오며 거리가 줄어든다.

Q 22 ★★★

#벙커모래에 따른 스윙법

그린 주변 벙커턱이 낮을 경우 벙커 모래의 단단함에 따른 스윙방법에 대해 설명하시오.

- 단단한 모래는 양발이 잠기지 않은 상태에서 자세를 잡고, 핸드퍼스트로 스윙한다.
- 부드러운 모래는 양발을 비벼 모래 속으로 발이 잠기도록 하고, 핸드 레이트로 스윙한다.

Q 23 ★★★★

#벙커샷 지도방법

벙커샷 지도방법에 대해 설명하시오.

- 스탠스는 두발을 모래 속에 묻어 균형을 잡는다.
- 그립을 잡을 때 클럽페이스는 열어주고, 볼은 스탠스 중앙에서 약간 앞쪽에 놓은 후 어드레스한다.
- 볼을 내려칠 수 있도록 체중을 왼쪽에 두고 스윙하는 동안 유지한다.
- 클럽이 접촉하는 위치는 볼 뒤 3~4cm이므로 볼이 아닌 모래를 겨냥하여 스윙한다.

★★★★
Q 24

#볼 위치

클럽별 볼의 위치에 대해 설명하시오.

- 드라이버 : 왼발 뒤꿈치 안쪽 일직선상
- 우드, 유틸리티 : 두 발의 중간 지점에서 볼 2~3개 왼쪽 선상
- 아이언 : 두 발의 중간 지점에서 왼쪽으로 볼 1~2개 사이 위치(7번이 중앙을 기본으로 하기 때문에 롱아이언으로 갈수록 왼쪽으로, 숏아이언으로 갈수록 오른쪽으로 조정한다.)
- 웨지 : 두 발의 중간 지점에서 볼 2~3개 오른쪽 선상

★★★
Q 25

#볼마크 방법

볼에 마크하는 방법에 대해 설명하시오.

홀과의 일직선상으로 볼의 바로 뒤쪽에 마크한다. 자신이 마크한 위치가 다른 사람의 퍼팅 라인에 있어 퍼팅에 방해 시 퍼터헤드를 측정도구로 사용하여 마크를 이동한다.

★★★
Q 26

#볼의 구질

볼의 구질과 방향에 대해 설명하시오.

볼이 출발하는 방향, 그리고 휘는 방향을 말한다.
슬라이스는 오른쪽으로 휘는 구질을 말하며, 훅은 그 반대로 왼쪽으로 휘는 구질을 말한다.

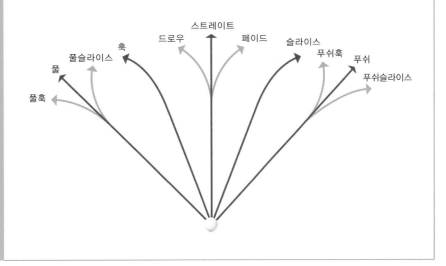

★★
Q 27

#비거리

비거리에 대해 설명하시오.

볼이 날아간 거리를 말한다.

★★★
Q 28

#생크

생크의 원인과 지도방법에 대해 설명하시오.

클럽헤드가 아닌 클럽 넥 부분에 맞아 오른쪽으로 낮게 날아가는 현상을 생크라고 한다. 생크 원인은 아래와 같다.

- 어드레스에서 볼의 위치가 가까운 경우
  - 손과 몸 사이 간격이 적어도 주먹 1~1개 반 정도의 간격을 만든다.
- 과도한 인~아웃 스윙궤도일 경우
  - 다운스윙에서 오른쪽 어깨가 아래로 떨어지면 클럽의 궤도가 지나치게 인사이 드로 떨어지므로 어깨의 각도를 유지하며 다운스윙한다.
- 다운스윙 시 척추각이 들리며 몸이 일어나고 손이 몸에서 멀어져 생크가 발생할 경우
  - 다운스윙에서 골반이 회전하지 못하면 전방(볼 방향)으로 나가며 상체가 들린 다. 척추각을 들리게 만드는 원인이므로 골반 회전 동작을 올바르게 한다.

★★
Q 29

#샤프트 종류

샤프트 종류와 강도, 구질에 대해 설명하시오.

- 강도에 따라 구분하며 X(Extra Stiff), S(Stiff), R(Regular), L(Lady) 4단계로 구분한다.
- 5단계 구분 시 S와 R의 중간인 SR을 포함하기도 한다.
- 샤프트가 강하면 푸시샷의 원인이 되며, 볼의 탄도가 낮아진다. 또한 정확성은 증가할 수 있으나 비거리 손실이 발생할 수 있어 파워가 강한 사람에게 권장한다.
- 샤프트가 약하면 드로우 샷의 원인이 될 수 있으며, 볼의 탄도가 높아진다. 또한 정확성은 떨어질 수 있으나 스윙스피드가 낮을 경우 거리가 증가하여 파워 가 약한 사람에게 권장한다.

★
Q 30

#샷

샷에 대해 설명하시오.

샷은 볼을 클럽으로 치는 것을 말하며, 퍼터로 볼을 치는 것은 퍼팅이라고 한다.

★★★ Q 31	#셋업 **셋업에 대해 설명하시오.**
	볼을 올바르게 치기 위해 어드레스하는 동작을 말한다.

★★★ Q 32	#스웨이 **스웨이에 대해 설명하시오.**
	스윙 시 몸의 중심이 좌우로 움직이는 것을 말한다.

★★★★ Q 33	#스웨이 지도방법 **스웨이 지도방법에 대해 설명하시오.**
	• 스웨이는 하체를 단단히 고정해 주지 않았을 경우 축이 흔들려 스웨이가 나타나게 된다. • 백스윙 시 스웨이가 나타날 경우에는 보통 허리와 오른쪽 무릎이 밖으로 빠지게 되어 나타나는데 이를 교정하기 위해서는 오른쪽 발 안쪽에 힘을 주고, 허벅지 안쪽을 단단하게 고정시키고 백스윙을 하면 된다. • 다운스윙 시 스웨이가 생긴다면 왼쪽 발바닥이 다운스윙 시 브레이크를 꾹 밟는 느낌으로 스윙을 해보면 도움이 된다.

★ Q 34	#스위트 스팟 **스위트 스팟에 대해 설명하시오.**
	클럽페이스의 중심점으로 볼을 맞춰야 하는 정위치를 뜻한다.

★ Q 35	#스윙 **스윙에 대해 설명하시오.**
	골프클럽을 휘두르는 동작을 뜻한다.

★★
Q 36

#스윙연습방법

좋은 스윙연습방법에 대해 설명하시오.

거울을 활용하여 몸이 상하좌우로 흔들리지는 않는지 확인하며 리듬감을 키우는 것이 좋다. 볼을 놓고 연습을 하지 않는 이유는 볼이 있으면 힘이 들어가게 되고, 힘이 들어가면 몸이 점점 경직되고, 경직된 자세가 나쁜 자세를 몸에 베게 하기 때문이다.

★★
Q 37

#스탠스

스탠스에 대해 설명하시오.

플레이어가 볼을 치기 위한 몸과 발의 자세를 말한다. 클럽별로 스탠스 너비에 차이가 있는데, 일반적으로 아래와 같이 스탠스를 잡는다.

- 드라이버, 우드, 유틸리티 : 양발 사이의 간격이 어깨 너비보다 살짝 넓게 스탠스를 잡는다.
- 미들 아이언 : 양발 사이의 간격이 어깨 너비와 같게 스탠스를 잡는다.
- 숏 아이언, 웨지 : 양발 사이의 간격이 어깨 너비보다 살짝 좁게 스탠스를 잡는다.

★★
Q 38

#스탠스 종류

스탠스의 종류에 대해 설명하시오.

- 스퀘어 스탠스 : 스탠스의 방향이 목표 방향과 평행으로 정렬된 상태이다.
- 오픈 스탠스 : 스탠스의 방향이 목표 방향보다 왼쪽으로 정렬된 상태이다.
- 클로즈 스탠스 : 스탠스의 방향이 목표 방향보다 오른쪽으로 정렬된 상태이다.

★★
Q 39

#스핀

스핀에 대해 설명하시오.

임팩트 후 볼에서 생기는 회전을 뜻한다.

★★★★
Q 40

#슬라이스 지도

슬라이스 지도방법에 대해 설명하시오.

스윙 궤도가 아웃(Out)에서 인(In) 방향으로 내려오며, 페이스가 열려 있는 경우가 일반적이다. 상체로 과도하게 스윙하는 동작을 교정하고, 하체 움직임을 원활하게 하며 그립을 약하게 잡지 않도록 점검하는 것이 필요하다.

★ **Q 41**	#슬로우 백 **슬로우 백에 대해 설명하시오.** 천천히 클럽을 들어 올리는 것을 말한다.

★★ **Q 42**	#아크 **스윙아크에 대해 설명하시오.** 스윙 시 궤도를 말한다.

★★★ **Q 43**	#어드레스 **어드레스에 대해 설명하시오.** 스윙을 하기 전 헤드를 공 뒤에 위치하고, 스탠스와 몸의 기울기를 정렬하는 것을 어드레스라고 한다.

★★★ **Q 44**	#어드레스 방법 **어드레스 방법에 대해 설명하시오.** ① 클럽 페이스를 목표 방향에 직각으로 맞춘다. ② 그립을 잡으며 양팔을 편안하게 아래로 늘어뜨린다. ③ 스탠스는 클럽에 알맞은 너비로 벌리며 목표 방향과 평행으로 맞춘다.

★★★ **Q 45**	#어드레스 연습법 **효율적인 어드레스 연습방법에 대해 설명하시오.** 거울을 정면에 두고, 빈손으로 손바닥을 맞추고 오른손을 왼손 손바닥 절반 정도까지 내린다. 그리고 오른쪽 어깨를 약간 내려 어드레스 후 스윙연습을 해본다. 단, 잘못된 자세가 몸에 익을 수 있기 때문에 몸을 세워 거울을 보면 안 된다.

★★★★★ **Q 46**	#어퍼블로우, 다운블로우 **어퍼블로우, 다운블로우에 대해 설명하시오.** • 어퍼블로우(=어센딩블로우) : 클럽 헤드가 최저점을 지나서 올라가며 공을 타격하는 것을 말한다. 드라이버에 적합한 타격 방법이다. • 다운블로우(=디센딩블로우) : 클럽 헤드가 최저점을 지나기 전 내려가며 공을 타격하는 것을 말한다. 유틸리티와 아이언에 적합한 타격 방법이다.

★★★
Q 47

#얼라인먼트

얼라인먼트에 대해 설명하시오.

원하는 방향으로 볼을 정확하게 보내기 위해 타깃과 몸의 방향을 평행하게 하는 것을 뜻한다.

★★★
Q 48

#에이밍

에이밍에 대해 설명하시오.

타깃을 향해 방향을 설정하는 것으로 일반적으로 클럽을 타깃과 볼을 일직선상으로 만든다.

★★
Q 49

#에지

에지에 대해 설명하시오.

그린, 벙커, 홀 등 가장자리나 끝을 뜻한다.

★
Q 50

#오픈페이스

오픈페이스에 대해 설명하시오.

클럽페이스와 볼이 90도 이상 되도록 어드레스를 하고 스윙하는 것을 말한다.

★★★
Q 51

#올바른 피니시

올바른 피니시에 대해 설명하시오.

잘 균형 잡힌 팔로우스루는 체중이 왼쪽으로 이동되고, 오른발 뒤꿈치는 지면에서 떨어지며 벨트는 목표를 향한다.

★★
Q 52

#왼쪽손목 꺾임 지도방법

스윙 시 왼쪽손목이 꺾일 경우의 지도방법에 대해 설명하시오.

볼펜 하나를 왼쪽 손등에 올려놓고 장갑으로 고정하면 왼쪽 손목 꺾임을 고칠 수 있다.

★★★
Q 53

#임펙트

임펙트에 대해 설명하시오.

클럽헤드가 볼을 지나가면서 가격하는 순간을 뜻한다.

★★★
Q 54

#체형별 지도방법

체형에 따른 스윙 지도방법에 대해 설명하시오.

- 키가 큰 체형 : 어드레스 위치가 높기 때문에 자연스럽게 스윙이 가파르게 형성된다. 큰 신장 때문에 무게 중심이 높으므로 상체 각도를 낮춰주는 것이 필요하다.
- 키가 작은 체형 : 어드레스 위치가 낮기 때문에 자연스럽게 완만한 스윙이 만들어진다. 일반적으로 스윙 아크가 작아 클럽 속도를 내는 데 불리하므로 스윙 스피드를 향상시키는 훈련을 추가하는 것이 좋다.
- 체중이 많이 나가는 체형 : 스윙 크기와 아크가 작아질 수 있기 때문에 유연성 훈련을 추가하는 것이 좋다.

★★★
Q 55

#캐리

캐리에 대해 설명하시오.

볼이 날아간 거리를 뜻한다.

★★★
Q 56

#코킹

코킹에 대해 설명하시오.

백스윙 시 비거리를 내는 중요한 요소로 왼쪽 손목을 꺾어주는 동작을 말한다.

★
Q 57

#코킹각 유지 지도방법

코킹각을 유지할 수 있는 지도방법에 대해 설명하시오.

그립 끝에 롱티를 꽂아 하프스윙 시 롱티의 끝이 볼을 향하도록 만들어 주는 연습을 하면 효과를 볼 수 있다.

#탑볼과 뒤땅(더프)

탑볼과 뒤땅(더프)에 대해 설명하시오.

탑볼과 뒤땅 모두 미스 샷이다.
- 탑볼 : 볼의 머리 부분을 쳐서 볼이 뜨지 않고 낮게 날아가는 것을 말한다.
- 뒤땅(더프) : 클럽헤드가 볼이 아닌 땅에 먼저 닿아 비거리를 손해 보는 경우를 말한다.

#탑볼과 뒤땅(더프) 지도방법

탑볼과 뒤땅(더프) 지도방법에 대해 설명하시오.

- 탑볼의 가장 많은 원인은 헤드 업으로 반드시 임팩트 순간까지 볼을 바라보고, 어깨에 힘이 들어가지 않도록 힘을 빼고, 그립의 악력을 약하게 잡는 것이 도움이 된다.
- 뒤땅(더프)의 원인으로는 양손이 같은 파워로 다운스윙해야 하는데 오른손에 힘이 더 들어가서 다운스윙되기 때문이다. 그러다보니 코킹각이 유지되지 않아 뒤땅이 발생하게 되는 것이다.
- 다른 원인으로는 하체가 위/아래로 업다운되면서 뒤땅이 발생하게 되는데 다운스윙 시 무릎이 굽혀지지 않도록 하는 것이 도움이 된다.

#테이크 백

테이크 백에 대해 설명하시오.

백스윙을 하기 위해 클럽을 뒤로 빼는 동작을 말한다.

#티샷 전 루틴

티샷 전 루틴을 갖는 것의 장점에 대해 설명하시오.

완벽한 샷을 만들기 위해 사전에 목표를 설정하고, 스탠스, 방향, 그립의 정도 등을 미리 조정할 수 있는 습관은 자신만의 루틴, 리듬을 만드는 것에 매우 도움이 된다.

★★★★
Q 62

#티샷 시 내리막 홀 주의사항

티샷 시 내리막 홀의 실수를 줄이는 방법에 대해 설명하시오.

내리막 홀은 어드레스할 때 평소보다 시선이 아래로 향하기 쉬운데 그러다 보면 엎어치게 되어 왼쪽으로 크게 휘거나 탑핑이 생길 수 있으니 시선을 지면에 두지 말고 높은 곳을 타깃지점으로 설정하고 스윙한다.

★★★★
Q 63

#티샷 시 오르막 홀 주의사항

티샷 시 오르막 홀의 실수를 줄이는 방법에 대해 설명하시오.

오르막 홀은 어드레스할 때 평소보다 시선이 위로 향하기 쉬운데 그러다 보면 탑핑, 뒤땅이 생길 수 있으니 시선을 너무 위를 보지 말고 평소처럼 타깃을 바라보면서 스윙한다.

★★
Q 64

#퍼팅 지도방법

퍼터 헤드의 중앙 부위에 볼을 맞히지 못하는 경우 퍼팅 지도방법에 대해 설명하시오.

낮은 궤도의 스트로크를 만들려면 동전치기 연습을 해야 한다. 바닥에 동전 2개를 겹쳐 놓고, 위에 있는 하나의 동전을 걷어내는 방법을 연습하도록 한다.

★★★
Q 65

#퍼팅 지도방법

퍼팅을 지도해 보시오.

① 발을 어깨 넓이로 벌리고 체중은 두 발뒤꿈치에 똑같이 배분하고, 무릎을 살짝 굽히고, 등을 곧게 펴고 상체를 약간 앞으로 숙인다.
② 공은 왼쪽 눈 아래에 수직 위치에 놓는다.
③ 스트로크 크기는 일반적으로 1:1 비율로 맞추며, 시계추의 움직임과 같이 동일한 박자로 움직이는 것이 좋다.

★★
Q 66

#페어웨이 벙커

페어웨이 벙커에 좋은 스윙에 대해 설명하시오.

살짝 왼쪽에 체중을 싣고, 내려치는 느낌으로 스윙한다.

★★ **Q 67**	#풍향과 세기 확인법 **바람 방향과 세기 확인법에 대해 설명하시오.** 잔디를 조금 뽑아 머리 높이에서 뿌려 확인하거나 나뭇가지가 어떻게 흔들리는지를 보고도 알 수 있다.

★★ **Q 68**	#프린지 **프린지에 대해 설명하시오.** 그린 주변을 뜻한다.

★★★★ **Q 69**	#피치샷, 칩샷, 로브샷 **피치샷, 칩샷, 로브샷에 대해 설명하시오.** • 피치샷 : 굴리는 샷을 할 수 없어 볼을 띄워야 할 때 사용한다. • 칩샷 : 그린 주변에서 볼을 굴릴 때 사용한다. • 로브샷 : 런이 없는 볼을 높게 띄울 때 사용한다.

★ **Q 70**	#핀 **핀에 대해 설명하시오,** 홀에 꽂혀 있는 깃대를 뜻한다.

★ **Q 71**	#하이볼 **하이볼에 대해 설명하시오.** 볼이 드라이버의 헤드 윗부분에 맞으면서 로브 샷처럼 볼이 하늘로 치솟는 현상을 뜻한다.

★★ **Q 72**	#하프 샷 **하프 샷에 대해 설명하시오.** 백스윙을 절반 정도만 하는 동작으로 거리에 따라 조정하는 샷을 뜻한다.

Q 73 ★

#하프 스윙

하프 스윙에 대해 설명하시오.

풀스윙의 절반 정도의 힘을 줄여서 하는 스윙을 뜻한다.

Q 74 ★

#허리 회전 지도방법

허리 회전을 과하게 할 경우 지도방법에 대해 설명하시오.

- 허리 회전이 커지는 것을 방지하기 위해서는 왼쪽 바깥쪽에 의자를 두고 의자가 밀리지 않도록 연습을 한다.
- 임팩트 시 왼쪽 엉덩이가 의자에 닿지 않으면 허리가 먼저 빠졌다는 것이다.
- 과도한 허리 회전은 보통 임팩트 전부터 오른발이 빨리 들리기 때문에 임팩트 후 오른발을 지면에서 떨어뜨려보는 연습을 하면 된다.

Q 75 ★★★

#헤드업

헤드업에 대해 설명하시오.

임팩트를 끝까지 보지 못하고 시선을 목표방향으로 먼저 들어 올려버리는 현상을 뜻한다.

Q 76 ★

#헤비

헤비에 대해 설명하시오.

볼을 쳤을 때 두껍게 맞는 느낌을 말한다.

Q 77 ★★★★

#훅 지도

훅 지도방법에 대해 설명하시오.

- 비거리를 내기 위해 스트롱 그립을 취할 경우 훅을 유발시킬 수 있으니 그립을 스퀘어 그립으로 변경해준다.
- 클럽페이스가 임팩트 순간에 닫힐 경우에도 훅을 유발시킬 수 있다. 이때는 어드레스 시 클럽페이스가 정확히 목표 방향을 가리키고 있는지 확인해야 한다.
- 어드레스 시 스탠스가 너무 넓을 경우에도 훅을 유발시킬 수 있다. 과도하게 넓은 스탠스는 백스윙과 다운스윙 때 체중이동이 느려지고, 손목 회전이 몸보다 빠르게 진행되어 훅을 유발할 수 있으니 스탠스 폭을 좁혀가며 자신만의 스탠스 넓이를 찾아가게 해야 한다.

LESSON 03

골프용어

※ "골프용어"는 문제 가나다순으로 정리되었습니다.

※ ★갯수가 많을수록 출제 빈도율이 높음

★★★
Q 1

#구제지점 #완전한 구제지점

가장 가까운 완전한 구제지점에 대해 설명하시오.

비정상적인 코스상태(수리지, 일시적으로 고인 물, 동물이 판 구멍, 움직일 수 없는 장해물) 위험한 동물이 있는 상태, 잘못된 그린, 플레이 금지구역으로부터 **페널티 없이 구제를 받거나 특정한 로컬룰에 따라 구제를 받는 경우의 기준점**을 말한다.

- 그 볼의 원래의 지점과 가장 가깝지만, 그 지점보다 홀에 더 가깝지 않고
- 요구되는 코스의 구역에 있으며
- 원래의 지점에 방해가 되는 상태가 없었다면 플레이어가 했을 스트로크에 더 이상 방해가 되지 않는 지점이다.

★★★
Q 2

#개선

개선에 대해 설명하시오.

플레이어가 스트로크의 잠재적인 이익을 얻기 위해 물리적인 행동으로 하나라도 변경하는 것이다.

[골프규칙 8.1] 스트로크에 영향을 미치는 상태를 개선하는 플레이어의 행동

- 플레이어의 정지한 볼의 **라이**
- 플레이어의 의도된 **스탠스** 구역
- 플레이어의 의도된 **스윙** 구역
- 플레이어의 **플레이 선**
- 플레이어가 볼을 **드롭**하거나 플레이스할 **구제구역**

★
Q 3

#갤러리

갤러리에 대해 설명하시오.

골프경기를 관람하는 관람객을 뜻한다.

골프공의 딤플에 대해 설명하시오.

★★
Q 4

- 골프공 표면의 움푹 들어간 부분을 딤플이라고 한다. 딤플은 골프공 리프트 및 공의 이동거리에 큰 영향을 주며, 리프트를 높이고 공기 저항을 줄여주는 역할을 한다.
- 골프공의 딤플 수는 골프공 제조업체 및 디자인에 따라 300~500까지 다양하며, 크기, 모양, 깊이 또한 다르다.
- 딤플이 있는 공은 딤플이 없는 같은 공보다 2~3배 멀리 날아갈 수 있다.

#골프코스 구성

골프코스 5가지 구역을 말하시오.

★★★★
Q 5

티잉구역, 벙커, 페널티구역, 퍼팅그린, 일반구역(티잉구역, 벙커, 페널티구역, 퍼팅그린을 제외한 코스 전 구역)이 있다.

#골프클럽 명칭

골프클럽 명칭에 대해 설명하시오.

★★★
Q 6

샤프트(Shaft)
탑라인(Top Line)
그루브(Groove)
호젤(Hosel)
토우(Toe)
스위트 스팟(Sweet Spot)
페이스(Face)
힐(Heel)
리딩엣지(Leading Edge)
솔(Sole)

#교체

교체에 대해 설명하시오.

★
Q 7

플레이에서 사용하고 있는 볼을 바꾸는 것을 말한다.

	#구제구역
★★ Q 8	**구제구역에 대해 설명하시오.**
	플레이어가 규칙에 따라 구제를 받을 경우 반드시 볼을 드롭하여야 하는 구역을 말한다. **구제규칙은 3가지 요소를 충족시켜야 한다.** 1) **기준점** : 구제구역의 크기를 측정하는 기준이 되는 지점 2) **구제구역의 크기** : 기준점으로부터 한 클럽 길이 또는 두 클럽 길이 이내의 구역으로 제한된다. 3) **구제구역의 위치 제한** 　－ 반드시 특정한 코스의 구역에 있어야 한다. 　－ 기준점보다 홀에 더 가깝지 않아야 한다. 　　또는 반드시 구제를 받는 페널티구역이나 벙커의 밖에 있어야 한다. 　－ 구제를 받는 상태로부터 어떠한 방해도 받지 않는 곳이어야 한다.

	#그립
★ Q 9	**그립에 대해 설명하시오.**
	샤프트의 손잡이 부분으로 가죽이나 고무로 감겨져 있는 부분을 말한다.

	#글라스벙커
★ Q 10	**글라스벙커에 대해 설명하시오.**
	풀로 뒤덮인 웅덩이를 말한다.

	#기준점
★★ Q 11	**기준점에 대해 설명하시오.**
	구제구역의 크기를 측정하는 기준이 되는 지점으로 볼이 최초로 사람, 동물, 움직이는 외부의 영향 위에 정지한 지점의 바로 아래로 추정되는 지점이다.

★★★
Q 12

#동물구멍

동물이 만든 구멍에 대해 설명하시오.

루스임페디먼트로 규정된 동물(예 벌레나 곤충)이 판 구멍 이외의, **동물이 지면에 판 모든 구멍**을 말한다.
- 동물이 그 구멍을 팔 때 떨어져 니온 부스러기
- 동물이 그 구멍을 드나든 흔적이나 자국
- 동물이 땅속으로 판 구멍으로 인하여 불룩하게 솟아오르거나 변형된 지면의 모든 부분

단, 동물이 그 구멍을 드나든 흔적이나 자국의 일부가 아닌 동물의 발자국은 동물이 만든 구멍에 포함되지 않는다.

★★★★
Q 13

#볼 떨어뜨림 #드롭

드롭에 대해 설명하시오.

볼을 인플레이하려는 의도를 가지고 볼을 손에 들고 공중에서 떨어뜨리는 것을 말한다. 플레이어가 인플레이하려는 의도 없이 볼을 떨어뜨린 경우, 그 볼은 드롭된 것이 아니므로 인플레이볼이 아니다.

★★
Q 14

#디봇

디봇에 대해 설명하시오.

샷을 하면서 파여진 잔디를 뜻한다.

★★
Q 15

#라운드

라운드에 대해 설명하시오.

골프 위원회에서 정한 순서대로 플레이하는 18개의 홀 또는 그 이하의 홀을 말한다.

★★
Q 16

#클럽 라이각

라이각에 대해 설명하시오.

골프채의 라이각은 **어드레스 시 골프채 샤프트와 헤드의 리딩에지 사이 각도**를 말한다.

#라이

라이에 대해 설명하시오.

볼이 놓여있는 상태를 말한다. 클럽의 라이는 라이 각도를 말한다.

#라인

라인에 대해 설명하시오.

목표물로 볼을 보내기 위해 정해놓은 임의의 선을 뜻한다.

#러프

러프에 대해 설명하시오.

그린, 해저드를 제외한 코스 내 페어웨이 외의 지역으로 풀이 깎여져 있지 않고, 무성하게 있는 곳을 말한다.

#레프리

레프리에 대해 설명하시오.

플레이어와 동행하여 현장의 사실 문제를 재정하고 규칙을 적용하기 위해 위원회에서 공식적으로 임명한 사람이다. 레프리는 보고받은 규칙 위반에 대해 직권을 행사해야 한다.

#로컬룰

로컬룰에 대해 설명하시오.

개별 골프장에서 자체적으로 정한 규칙을 뜻한다.

#자연물 #루스임페디먼트

루스임페디먼트에 대해 설명하시오.

어딘가에 붙어 있지 않거나 자라지 않는 **모든 자연물**을 말한다.
- 돌멩이, 낙엽, 나뭇가지, 나무토막
- 동물의 사체와 배설물
- 벌레, 곤충, 동물들이 만든 흙더미나 거미줄(예 지렁이 똥, 개밋둑)
- 뭉쳐진 흙덩어리(에어레이션 찌꺼기 포함)

★★★
Q 23

#리플레이스볼

리플레이스에 대해 설명하시오.

볼을 인플레이 하려는 의도로 그 볼을 내려놓아 플레이스하는 것을 말한다. 플레이어가 볼을 인플레이 상태가 되게 하려는 의도 없이 그 볼을 내려놓은 경우, 그 볼은 리플레이스 된 것이 아니므로, 인플레이 상태가 아니다.

★★
Q 24

#마크 #마커 #정지한 지점

마크와 마커에 대해 설명하시오.

● 마크 : 볼이 정지한 지점을 표기하는 것으로 볼 뒤나 옆에 놓아두는 것을 말한다.
● 마커 : 스트로크 플레이 시 스코어카드에 스코어를 기록 후 확인하고 서명하는 사람을 말한다.

★★★★
Q 25

#머슬백, 캐비티백

머슬백, 캐비티백에 대해 설명하시오.

● 블레이드/머슬백 : 헤드 뒷면이 근육 덩어리 모양의 통으로 되어 있어 헤드의 크기가 작고, 솔 바닥부분이 얇게 만들어진다. 타구감이 좋지만 예민해서 관용성이 부족하여 일반적으로 프로나 아마추어 상급자들이 많이 선호한다.
● 캐비티백 : 헤드의 뒤쪽 중심을 움푹 들어가게 하여, 무게 중심을 클럽헤드의 가장자리로 배분한 방식이다. 무게 중심을 헤드 가장자리로 하면, 볼을 띄우기 쉽고 관용성이 높아져 미스샷 확률이 낮다. 골퍼들이 가장 많이 사용하는 디자인이다.

머슬백   캐비티백

★★★★
Q 26

#지면에 박힌 볼

박힌 볼에 대해 설명하시오.

- 볼의 일부가 그 볼 자체의 피치마크에 박힌 채 지표면 아래에 있는 경우
- 볼이 직접적으로 흙에 닿지는 않았지만, 그 볼의 일부가 그 볼 자체의 피치마크에 박힌 채 지표면 아래에 있는 경우

(TIP) 박힌 볼은 일반구역에서만 가능하나 페널티구역 및 벙커에서는 페널티 없이 구제가 불가능하다.

★★★
Q 27

#모래, 벙커

벙커에 대해 설명하시오.

모래로 특별하게 조성된 구역으로 주로 풀이나 흙이 제거된 채 움푹 꺼진 지형을 말한다.

★★
Q 28

#볼표시

볼마커에 대해 설명하시오.

볼을 집어 올릴 볼의 지점을 표시하기 위해 사용하는 인공물(예 티, 동전, 볼마커용으로 만들어진 장비)을 말한다.

★
Q 29

#분실된 볼

분실된 볼에 대해 설명하시오.

플레이어나 플레이어의 캐디가 **3분 안에 찾지 못한 상태의 볼**을 말한다. 볼이 분실되었다는 플레이어의 선언만으로 그 볼이 분실된 볼이 되는 것은 아니다.

★★★★
Q 30

#비정상적인 코스상태

비정상적인 코스상태에 대해 설명하시오.

다음 네 가지 상태를 비정상적인 코스상태라고 한다.
- 수리지
- 동물이 만든 구멍
- 움직일 수 없는 장애물
- 일시적으로 고인 물

	#샷
★ **Q 31**	**샷에 대해 설명하시오.**
	클럽으로 볼을 치는 것을 말한다.

	#수리지
★★★ **Q 32**	**수리지에 대해 설명하시오.**
	위원회에서 코스의 수리지로 규정한 모든 부분을 말한다.

	#스코어카드
★★ **Q 33**	**스코어카드에 대해 설명하시오.**
	스트로크 플레이에서 각 홀의 플레이어 스코어가 기록되는 문서이다.

	#스탠스
★★★ **Q 34**	**스탠스에 대해 설명하시오.**
	플레이어가 **스트로크를 준비하고 실행하기 위한 몸과 발의 위치**를 말한다.

	#스테이블포드
★ **Q 35**	**스테이블포드에 대해 설명하시오.**
	스트로크 플레이의 한 방식이다. 플레이어나 편의 타수(스트로크 수와 벌타의 합)를 위원회가 정한 목표 스코어와 비교하여 산정한다. 그 경기의 우승자는 가장 높은 점수를 받은 플레이어나 편이 된다. 즉, 플레이어의 핸디캡에 맞춰 각 홀별로 점수를 책정 및 부여하는 방식이다.

	#플레이방식
★★ **Q 36**	**스트로크 플레이, 매치플레이에 대해 설명하시오.**
	• 스트로크 플레이 : 골프경기에서 가장 일반적인 방식은 Par 72, 18홀 기준으로 **총타수**가 가장 적은 사람이 승리하는 것이다. • 매치 플레이 : 두 사람이 1:1로 대전하는 것으로 **홀마다** 타수의 많고 적음에 따라 승부를 겨루어 이긴 홀이 많은 쪽을 승자로 하는 경기다.

★★★
Q 37

#스트로크

스트로크에 대해 설명하시오.

볼을 보내고자 하는 방향으로 그 **볼을 치기 위해 클럽을 움직이는 동작**을 말한다.

TIP 스트로크가 아닌 경우
- 플레이어가 다운스윙 도중에 볼을 치지 않아야겠다고 판단하여, 클럽헤드가 볼에 도달하기 전에 의도적으로 클럽헤드를 멈추었거나 또는 클럽헤드를 도저히 멈출 수 없어서 의도적으로 볼을 맞히지 않은 경우
- 플레이어가 연습 스윙을 하거나 스트로크를 하려고 준비하다가 우연히 볼을 친 경우

★
Q 38

#OB

아웃오브바운즈(OB)에 대해 설명하시오.

- 위원회가 규정한 **코스의 경계 밖에 있는 모든 구역**을 말한다. 코스의 경계 안에 있는 모든 구역은 인바운즈다.
- 코스의 경계는 그 코스의 지면보다 위로도 연장되고 아래로도 연장되며, 코스의 경계는 코스의 경계물이나 선으로 규정되어야 한다.
- 코스의 경계를 규정하는 말뚝이나 경계선은 흰색이다.

★★★★
Q 39

#아웃오브포지션

아웃오브포지션에 대해 설명하시오.

라운드 중 어느 시점에서든, 첫 번째로 출발한 그룹과 스타터스 갭 이후에 출발한 그룹이 그 시점까지 플레이한 시간이 그 홀들을 플레이하는 데 허용된 시간을 초과한 경우, 그 그룹은 "아웃오브포지션" 상태인 것으로 간주된다.

★
Q 40

#충고 #어드바이스

어드바이스에 대해 설명하시오.

플레이어가 홀이나 **라운드를 플레이하는 동안** 다음과 같은 경우에 **영향을 미칠 의도를 가지고 하는 모든 말이나 행동**을 말한다.
(예) 방금 전에 스트로크에 사용한 클럽을 보여주는 동작)
- 클럽을 선택할 때
- 스트로크를 할 때
- 어떻게 플레이할 것인지 결정할 때

Q 40
★

TIP 어드바이스에 포함되지 않는 사항
- 코스상에 있는 것들의 위치(예) 홀 · 퍼팅그린 · 페어웨이 · 페널티구역 · 벙커 · 다른 플레이어의 볼)
- 한 지점에서 다른 지점까지의 거리
- 바람의 방향
- 골프 규칙

Q 41
★★★

#어드바이스

어드바이스에 대해 설명하고, 어드바이스를 받으면 안 되는 대상에 대해 설명하시오.

라운드 동안 클럽의 선택, 스윙 동작, 코스 공략 등에 대한 조언을 말한다.
어드바이스는 자신의 캐디 이외 어드바이스 요청을 하면 안 된다.

Q 42
★★★

#언플레이어블 볼

언플레이어블 볼에 대해 설명하시오.

플레이어의 볼이 경기하기 불가능한 지역으로 들어갔거나 스트로크 하기 어려운 상태에 있는 것을 뜻한다.

Q 43
★

#오너

오너에 대해 설명하시오.

티잉구역에서 첫 번째로 플레이할 권리를 갖은 플레이어를 말한다.

Q 44
★★

#외부의 영향

외부의 영향에 대해 설명하시오.

플레이어의 볼, 장비, 코스에 일어나는 영향을 미칠 수 있는 모든 사람과 사물을 말한다.
- 모든 사람(단, 플레이어, 플레이어의 캐디, 플레이어의 파트너/캐디는 제외)
- 모든 동물
- 자연물, 인공물, 그 밖의 모든 것(자연의 힘 제외)
- 인위적으로 작동되는 공기, 물(예) 선풍기, 급수시스템)

★★
Q 45

#움직인 볼

움직인 볼에 대해 설명하시오.

정지하였던 볼이 원래의 지점을 벗어나 다른 지점에 정지하고, 그것이 육안으로 확인될 수 있는 경우를 말하며, 그 볼이 원래의 지점으로부터 위아래로 또는 수평으로, 즉 어느 방향으로 움직였든 관계없이 적용된다.

TIP 움직인 볼이 아닌 경우
- 정지한 볼이 제자리에서 기우뚱거리기만 하다가 원래의 지점에 멈추거나 원래의 지점으로 되돌아간 경우

★★★★
Q 46

#움직일 수 없는 장해물

움직일 수 없는 장해물에 대해 설명하시오.

다음과 같은 모든 장해물을 말한다.
- 움직일 수 있는 장해물의 정의에 부합되지 않는 장해물
- 불합리한 노력 없이는 움직일 수 없거나 그 장해물이나 코스를 훼손시키지 않고는 움직일 수 없는 장해물

★★★★
Q 47

#움직일 수 있는 장해물

움직일 수 있는 장해물에 대해 설명하시오.

합리적인 노력으로 그 장해물이나 코스를 훼손시키지 않으면서 움직일 수 있는 장해물을 말한다(예 카트, 고무래, 표지판).

TIP 움직일 수 있는 장해물로 간주되는 경우
- 움직일 수 없는 장해물이나 코스와 분리할 수 없는 물체(예 게이트, 문, 부착된 케이블)의 일부가 이 두 가지 기준에 부합되는 경우

★
Q 48

#위원회

위원회에 대해 설명하시오.

골프경기를 주관하고 코스를 관장하는 개인 혹은 그룹을 뜻한다.

★★
Q 49

#인플레이

인플레이에 대해 설명하시오.

코스상에 플레이어의 볼이 놓여 있고, 현재 플레이에 사용되고 있는 상태를 뜻한다.

★
Q 50

#일반 페널티

일반 페널티에 대해 설명하시오.

매치플레이에서의 홀 패, 스트로크플레이에서의 2벌타를 말한다.

★★
Q 51

#일반구역

일반구역에 대해 설명하시오.

다음과 같이 규정된 네 가지 구역 이외 코스의 모든 구역을 말한다.
- 플레이어가 홀을 시작할 때 반드시 플레이하여야 하는 티잉구역
- 모든 페널티구역
- 모든 벙커
- 플레이어가 플레이 중인 홀의 퍼팅그린

ⓉⒾⓅ 일반구역에 포함되는 경우
- 티잉구역 이외의 코스상에 있는 모든 티잉 장소
- 모든 잘못된 그린

★★★
Q 52

#고인 물

일시적으로 고인 물에 대해 설명하시오.

물이 지표면상에 일시적으로 고여 있는 것(예) 비 온 뒤에 생긴 물웅덩이나 관개시설 또는 수역에서 흘러넘친 물)을 말한다.
- 페널티구역에 있는 물 제외
- 플레이어가 자연스럽게 스탠스를 취하기 전/후에 볼 수 있는 물

★★
Q 53

#자연의 영향 #자연의 힘

자연의 힘에 대해 설명하시오.

자연의 영향(예) 바람, 물, 뚜렷한 이유 없이 중력의 영향 때문에 어떤 일이 일어나는 경우)을 말한다.

Q 54 ★

#잘못된 볼

잘못된 볼에 대해 설명하시오.

다음의 볼을 제외한 모든 볼

- 플레이어의 프로비저널볼
- 플레이어의 인플레이볼
- 스트로크플레이에서 잘못된 장소에서 플레이할 때 있을 수 있는 중대한 위반에 대비하기 위하여(골프규칙 14.7b) 또는 올바른 절차를 확실하게 알지 못하여 두 개의 볼을 플레이하는 경우(골프규칙 20.1c)

Q 55 ★★

#장비

장비에 대해 설명하시오.

플레이어나 플레이어의 캐디가 사용 및 착용하거나 가지고 있는 모든 것을 말한다. 코스를 보호하는 데 사용되는 물체(예 고무래)는 플레이어나 캐디가 그것을 들고 있거나 가지고 있는 동안에만 장비로 간주된다.

(TIP) 장비에 포함되지 않는 것
다른 사람이 플레이어를 위하여 가지고 있는 물체(클럽 제외)

Q 56 ★★★

#장해물

장해물에 대해 설명하시오.

장해물이란 **코스와 분리할 수 없는 물체와 코스의 경계물 이외의 모든 인공물**을 말한다.

- 장해물로 인정되는 것
    - 건물 또는 우천 시 대피시설
    - 인공적으로 포장된 도로와 길 및 그 도로나 길의 인공적인 경계부분
    - 스프링클러 헤드, 배수구, 관개시설, 컨트롤박스
    - 말뚝, 벽, 철조망, 울타리(그러나 코스의 경계를 규정하거나 나타내는 코스의 경계물로 사용된 경우, 이러한 물체들은 장해물이 아니다.)
    - 골프 카트, 잔디 깎는 기계, 자동차 및 그 밖의 차량
    - 쓰레기통, 표지판, 벤치
    - 플레이어들의 장비, 깃대, 고무래
- 움직일 수 없는 장해물의 일부(예 게이트, 문, 부착된 케이블)가 움직일 수 있는 장해물의 정의에 부합되는 경우에도 장애물로 간주된다.

★★
Q 57

#중대한 위반

중대한 위반에 대해 설명하시오.

스트로크플레이에서 플레이어가 잘못된 장소에서 플레이한 것이 올바른 장소에서 한 것보다 상당한 이익을 얻을 수 있었던 경우를 말한다.
- 중대한 위반 여부 고려사항
  - 홀에서 그 볼까지의 거리
  - 그 플레이 선상에 있는 방해 요소의 영향
  - 그 스트로크의 난이도
  - 그 스트로크에 영향을 미치는 상태

★★
Q 58

#캐디 #경기도우미

캐디에 대해 설명하시오.

골프경기에서 경기자가 수월하게 경기를 할 수 있도록 보좌하는 사람으로 경기자가 최선의 결과를 낼 수 있도록 **도와주는 역할**을 한다. 캐디는 라운드 동안 1명만 고용할 수 있다.

(예) 골프채(클럽) 운반, 경기조언 등

★
Q 59

#캐주얼 워터

캐주얼 워터에 대해 설명하시오.

- 워터 해저드 안에 있지 않고, 플레이어가 스탠스를 취하기 전 또는 취한 후에 볼 수 있는 코스 위에 일시적으로 고인 물을 말한다. 서리(霜) 이외의 눈(雪)과 천연 얼음(氷)은 플레이어의 선택에 따라 캐주얼 워터나 루스임페디먼트로 취급할 수 있다.
- 인공 얼음은 장해물이며, 이슬(露)과 서리는 캐주얼 워터가 아니다.

★★
Q 60

#코스구역

코스의 구역(골프 구역) 다섯 가지에 대해 설명하시오.

① **일반구역** : 티잉구역, 페널티구역, 벙커, 플레이 중인 홀의 퍼팅 그린을 제외한 모든 구역
② **티잉구역** : 홀 플레이시 첫 번째 티샷을 하는 곳
③ **페널티구역** : 헤저드, OB와 같이 벌타를 받고 구제를 받을 수 있는 구역
④ **벙커**
⑤ **플레이 중인 홀의 퍼팅 그린**

★★★
Q 61

#분리불가능 물체

코스와 분리할 수 없는 물체에 대해 설명하시오.

위원회가 코스를 플레이하는 도전의 일부로 규정하여 그것으로부터 페널티 없는 구제를 허용하지 않은 인공물을 말한다.
(⑩ 게이트, 문, 부착된 케이블)

★
Q 62

#경계물

코스의 경계물에 대해 설명하시오.

아웃오브바운즈임을 규정하거나 나타내는 인공물(⑩ 벽 · 울타리 · 말뚝 · 철책)을 말하며, 그것으로부터 페널티 없는 구제는 허용되지 않는다.

★
Q 63

#클럽 길이

클럽길이에 대해 설명하시오.

플레이어가 가지고 있는 14개 이하의 클럽들 중 퍼터 이외 **가장 긴 클럽의 길이**를 말한다(구제구역의 크기를 정할 때 사용되는 측정단위).

★
Q 64

#티 오프

티 오프에 대해 설명하시오.

첫 홀에서 볼을 처음으로 쳐서 플레이를 시작하는 시간을 뜻한다.

★
Q 65

#티

티에 대해 설명하시오.

티잉구역에서 플레이시 볼을 지면보다 위에 올려놓을 때 사용하는 것을 말한다.
티의 길이는 4인치(101.6㎜ 이하)여야 한다.

★
Q 66

#실격

페널티 실격에 대해 설명하시오.

매치플레이와 스트로크 플레이에서 골프정신에 어긋나는 매우 부당한 행동을 했거나 규칙 위반 시 플레이어가 지나치게 큰 잠재적인 이익을 얻은 경우 실격이 된다.

#페널티구역

페널티구역에 대해 설명하시오.

★★
Q 67

- 코스의 다섯 개 구역(일반구역, 티잉구역, 모든 페널티구역, 모든 벙커, 플레이 중인 홀의 퍼팅그린) 중 한 구역이다.
- 플레이어의 볼이 그 구역에 정지한 경우, 1벌타를 받고 구제를 받을 수 있는 구역을 말한다.
- 페널티 구역은 두 가지(노란, 빨간) 다른 유형의 페널티구역으로 나뉘며, 위원회가 페널티구역의 색깔을 표시하지 않은 경우, 그 페널티구역은 빨간 페널티구역으로 간주된다.
- 페널티구역의 경계는 지면보다 위로도 연장되고 아래로도 연장되며, 페널티구역의 경계는 말뚝이나 선 또는 물리적인 특징으로 규정되어야 한다.
  - 말뚝 : 말뚝으로 규정된 경우, 페널티구역의 경계는 그 말뚝과 지면의 가장 바깥쪽 접점들을 이은 선으로 규정되며, 말뚝 자체는 페널티구역 안에 있는 것이다.
  - 선 : 지면 위에 칠한 선으로 규정된 경우, 페널티구역의 경계는 그 선의 외곽선이며, 선 자체는 페널티구역에 있는 것이다.
  - 물리적인 특징 : 물리적인 특징(예) 해변 · 사막지역 · 옹벽)으로 규정된 경우, 위원회는 페널티구역의 경계를 명확하게 규정하여야 한다.
- 페널티구역의 경계가 선 또는 물리적인 특징으로 규정되는 경우, 그 페널티구역이 위치한 곳을 나타내기 위하여 말뚝이 사용될 수도 있다.
- 평소에는 물이 없는 개방 하천(예) 우기를 제외하고는 주로 마른 상태로 있는 배수로나 지표수가 흐르던 구역)인 경우, 위원회는 그 구역을 일반구역의 일부(즉, 페널티구역이 아니라는 의미)로 규정할 수 있다.

#페널티

페널티에 대해 설명하시오.

★★
Q 68

플레이어, 캐디의 행동이 규칙에 위반될 경우 받는 벌타로 페널티는 플레이어가 얻은 잠재적인 이익을 없애기 위해 부과하는 것이다.

#프로비저널볼 #구(잠정구)

프로비저널볼에 대해 설명하시오.

★★★★
Q 69

프로비저널볼이 허용되는 경우

- 볼이 페널티구역 밖에서 분실되었을 수도 있고 아웃오브바운즈에 있을 수도 있는 경우, 시간을 절약하기 위하여, 플레이어는 잠정적으로 스트로크와 거리의 페널티를 받고 다른 볼을 플레이할 수 있다(골프규칙 14.6 참조).
  여기에는 다음과 같은 경우가 포함된다.
  - 원래의 볼이 발견되거나 확인되지는 않았지만 아직 분실된 상태는 아닌 경우
  - 볼이 페널티구역에서 분실되었을 수도 있고, 코스 어딘가에서 분실되었을 수도 있는 경우
  - 볼이 페널티구역에서 분실되었을 수도 있고, 아웃오브바운즈에 있을 수도 있는 경우
- 프로비저널볼이 허용되지 않을 때 플레이어가 프로비저널볼을 플레이할 의도를 가지고 직전의 스트로크를 한 곳에서 스트로크를 한 경우, 그렇게 플레이한 볼은 스트로크와 거리의 페널티를 받은 플레이어의 인플레이 상태의 볼이다(골프규칙 18.1 참조).
- 프로비저널볼이 페널티구역 밖에서 분실될 수도 있고, 아웃오브바운즈에 있을 수도 있는 경우
  - 플레이어는 또 다른 프로비저널볼을 플레이할 수 있다.
  - 또 다른 프로비저널볼을 플레이하면, 그 또 다른 프로비저널볼과 첫 번째 프로비저널볼의 관계는 첫 번째 프로비저널볼과 원래 볼의 관계와 같다.

#플라이어 현상

플라이어 현상에 대해 설명하시오.

★★
Q 70

임팩트 시 공과 클럽페이스 사이에 잔디가 끼면서 스핀양이 줄어들어 런이 많아 평소보다 거리가 더 나오는 상황을 말한다.

#플레이 금지구역

★★
Q 71

플레이 금지구역에 대해 설명하시오.

비정상적인 코스상태(골프규칙 16.1f 참조)의 일부 또는 페널티구역(골프규칙 17.1e 참조)의 일부로, 플레이가 허용되지 않는 곳이다. 다음과 같은 경우, 플레이어는 반드시 구제를 받아야 한다.

- 플레이어의 볼이 플레이 금지구역에 있는 경우
- 플레이 금지구역 밖에 있는 볼을 플레이할 때, 그 플레이 금지구역이 플레이어의 의도된 스탠스 구역이나 의도된 스윙 구역에 방해가 되는 경우(규칙 16.1f, 규칙 17.1e 참조)

#볼의 방향 #플레이 선

★★★★
Q 72

플레이 선에 대해 설명하시오.

플레이어가 볼을 쳐서 보내고자 하는 방향을 말한다.

#핸디캡 #핸디

★★
Q 73

핸디캡에 대해 설명하시오.

- 경기자의 실력을 나타내는 지수로 특히 골프에서 플레이어의 역량 차이에 의한 성적 차를 줄이기 위해 주어지는 수이다.
- 평균적인 한 라운드의 점수에서 72점을 뺀 점수 또는 여러 가지 핸디캡 사정 방법에 따라 결정된다.
- 보통 핸디캡을 줄여서 "핸디"라고도 한다.

#홀

★★
Q 74

홀에 대해 설명하시오.

- 플레이 중인 홀의 플레이를 끝내는 지점으로 홀의 직경은 4.25인치(108mm), 깊이는 4인치(101.6mm) 이상이어야 한다.
- 홀 안에 원통이 있는 경우는 원통의 외경은 4.25인치(108mm)를 넘지 않아야 한다.

#홀에 들어감

★
Q 75

"홀에 들어가다"에 대해 설명하시오.

스트로크한 플레이어의 볼 전체가 퍼팅그린의 표면 아래에 있는 상태를 말한다.

LESSON 04

생활체육

★ Q 1

#C.C와 G.C

C.C와 G.C의 차이점에 대해 설명하시오.

- C.C : Country Club은 골프클럽 뿐만 아니라 수영장, 테니스 등의 휴양시설과 함께 골프장이 있는 형태의 클럽을 뜻한다.
- G.C : Golf Club은 골프만을 위해 조성된 코스와 시설물로 이루어진 클럽을 뜻한다.

★★★ Q 2

#근육종류

근육의 종류에 대해 설명하시오.

근육의 종류는 골격근, 평활근, 심장근이 있다.
- 골격근(뼈대근) : 대뇌의 지배를 받아 의식적으로 근육의 수축과 이완 작용에 관여하는 수의근
- 평활근(내장근) : 심장근을 제외한 모든 내장근으로 자율신경계의 지배를 받아 무의식적으로 조절되는 불수의근
- 심장근(심근) : 자율신경계의 지배를 받아 무의식적으로 조절되는 불수의근이며 심장벽을 만드는 근육

★★★ Q 3

#기초대사량

기초대사량에 대해 설명하시오.

생명을 유지하는 데 필요한 최소한의 에너지 양으로, 심장박동, 호흡, 체온 유지, 이뇨 작용, 소화 등의 기본적인 신진대사에 쓰이는 에너지 소모량을 뜻한다.

★ Q 4

#대한체육회 사업

대한체육회에서 하는 사업에 대해 설명하시오.

- 우리나라 체육사업 계획 추진
- 스포츠경기나 대회 개최 지원 등

★ Q 5

#대한체육회 활성화방안

대한체육회에서 체육 활성화를 위해 어떠한 노력을 하는지 설명하시오.

국민의 체력 향상. 우수한 경기자 양성. 스포츠를 통한 국제 친선과 세계평화에 기여한다.

★ Q 6

#생활스포츠

생활스포츠에 대해 설명하시오.

사람이 삶을 질적으로 향상시키기 위하여 유아에서 노년. 가정에서 지역사회까지 이어지는 체육활동을 총칭한다.

★ Q 7

#생활체육 구성요소

생활체육의 3대 구성요소를 말해보시오.

시설, 지도사, 프로그램이 해당된다.

★★★ Q 8

#생활체육 기능

생활체육의 기능을 생리적, 심리적, 사회적 측면으로 구분하여 설명하시오.

- 생리적 기능 측면에서 심장병이나 고혈압 등 성인병 예방과 치료에 도움이 된다.
- 심리적 기능 측면에서 체육활동은 스트레스로 인한 좌절. 공격성. 우울감 등을 해소하는 건전한 방편이다. 즉 긴장과 갈등해소를 통해 사회구성원 간 우호적 관계를 형성한다.
- 사회적 기능 측면에서는 다양한 개성을 가진 사회구성원들과 조화를 이루며 환경에 적응하고 창조적 삶을 개척함으로써 공동체 발전에 기여한다.

★ ★ ★
Q 9

#생활체육 목적

생활체육의 목적을 말해보시오.

- 신체적 건강과 정신적 건강 증진
- 윤택한 삶을 영위하고 즐거움 추구
- 운동기술 습득
- 시민정신 함양
- 사회성 강화

★ ★
Q 10

#생활체육 역기능

생활체육 사회적 역기능에 대해 설명하시오.

과도하게 승리에 집착할 수 있는 부작용이 생길 수 있다. 또한 지나친 승부욕으로 폭력과 공격성이 높아질 수 있다.

★
Q 11

#생활체육 영역

생활체육의 영역에 대해 설명하시오.

- 가정체육 : 가족단위 생활체육
- 직장체육 : 기업이나 근로현장에서 직장인들이 자발적으로 참여하는 체육
- 지역사회 체육 : 지역 주민의 체력 증진을 위한 체육
- 상업체육 : 영리를 목적으로 스포츠단체나 기업이 일반 대중에게 체육활동을 할 수 있는 상품과 서비스를 제공하는 영역

★
Q 12

#생활체육 장점

생활체육의 장점을 나열해보시오.

국민건강 유지, 스트레스 해소, 우울감 감소, 공동체의식 강화

생활체육을 정의해보시오.

★★
Q 13

학교체육활동을 제외한 영, 유아에서 노인에 이르기까지 남녀노소 모든 이를 대상으로 한다. 가정, 직장, 지역사회의 체육, 스포츠, 레크리에이션 영역에서 운동을 삶의 일부로서 생활화하여 개인적으로는 성숙한 인격의 완성에 두고, 사회적으로는 공동체 형성에 기여한다. 또한 생활에 필요한 기본능력을 향상시켜 행복한 삶을 영위토록 하며 궁극적으로 스포츠문화를 다음 세대에 전달하는 것을 목적으로 한다.

#생활체육 지도목표

생활체육 지도 목표를 다섯 가지 이상 말해보시오.

★
Q 14

- 건전한 여가 선용의 기회를 제공한다.
- 스포츠의 즐거움을 경험하게 한다.
- 스포츠의 필요성을 인식하게 한다
- 스포츠의 기능을 향상한다.
- 스포츠 지향성을 높이기 위하여 운동기능, 전술, 트레이닝 방법을 마스터하게 한다.
- 스포츠의 과학적 인식을 높인다.
- 사회과학적, 자연과학적 교육을 통해 과학의 필요성을 제고한다.
- 스포츠의 사회적 행동을 육성한다.
- 스포츠 환경을 지배하고 있는 규칙 준수, 매너 및 에티켓을 중시함으로써 안전을 확보한다.
- 민주시민을 육성한다.
- 사회, 문화의 학습과 이해를 통하여 건전한 시민정신을 함양시키도록 촉구한다.

#생활체육 지도원리

생활체육의 지도원리와 특징을 말해보시오.

★
Q 15

- 자발성 : 자발적인 참여로 이뤄진다.
- 전문성 : 전문가에 의해 관리된다.
- 사회성 : 많은 사람들과 사회적 관계를 갖는다.
- 편의성 : 쉽게 참여해야 한다.
- 다양성 : 다양한 프로그램을 개발해야 한다.

Q 15 ★

- 평가성 : 객관적으로 평가해야 한다.
- 평등성 : 모든 사람이 참여할 수 있어야 한다.
- 전달성 : 많은 사람들이 할 수 있어야 한다.
- 보완성 : 프로그램은 평가, 수정 및 보완하여야 한다.
- 욕구반영성 : 참여자의 욕구를 반영할 수 있어야 한다.

Q 16 ★

#생활체육 프로그램 계획

생활체육 프로그램 계획 시 포함되어야 할 요인을 다섯 가지 이상 설명하시오.

- 철학적 틀 세우기(기본방향 정하기)
- 참여자와 지역사회 간에 욕구와 관심사정(요구사정단계)
- 프로그램 목적과 목표, 방법을 결정
- 가능한 활동과 서비스의 범위 결정
- 프로그램 계획 시 필요한 개념(재정, 시설, 공간, 이용시간, 교통, 기자재, 지도사 선별 등)
- 계획의 수립 및 전개(홍보, 팸플릿 배포)
- 계획의 실행(안전 고려)
- 평가, 관리, 감독, 모니터, 프로그램 평가, 피드백, 수정, 보고

Q 17 ★★★

#생활체육 프로그램 계획 원리

생활체육 프로그램 계획의 원리에 대하여 다섯 가지 이상 설명하시오.

- 평등성 : 생활체육 프로그램 참가 기회는 연령, 성, 교육 수준, 민족, 종교, 출신지역, 사회 · 경제적 지위에 관계없이 모든 사람에게 균등하게 제공되어야 한다.
- 창조성 : 생활체육 프로그램은 건설적이고 창조적인 신체활동 기회를 제공하여야 한다.
- 다양성 : 생활체육 프로그램은 참가자의 사회 · 경제적 배경, 성장 배경, 그리고 운동 기능 수준에 따라 다양한 활동 수준 및 형태로 제공되어야 한다.
- 욕구 반영 : 생활체육 프로그램은 개인적, 사회적 욕구가 반영되도록 계획되어야 한다.
- 효율성 : 생활체육 프로그램은 생활체육 관련 시설을 효율적으로 이용할 수 있도록 계획되어야 한다.
- 전문성 : 생활체육 프로그램은 일정 자격을 갖춘 전문가에 의해 개발, 운영, 평가되어야 한다.
- 홍보 : 생활체육 프로그램이 사회 전 구성원에게 적절한 대중매체 및 홍보수단을 통해 효과적으로 전달되어야 한다.

★★★
Q 17

- 평가 : 생활체육 프로그램은 지속적, 규칙적으로 평가되어 피드백 자료가 축적되어야 한다.
- 보완 : 생활체육 프로그램의 결과에 대한 평가에 따라 프로그램의 질적, 양적 측면을 수정·보완함으로써 생활체육 프로그램을 발전시키고, 그 가치를 제고하도록 노력해야 한다.

★★★
Q 18

#생활체육 프로그램 기획단계

생활체육 프로그램 기획단계에 대해 설명하시오.

- **프로그램 기획 철학 및 목적 이해** : 생활체육 프로그램의 기획은 단체의 철학에 기초하여 이루어지므로 생활체육 프로그램 계획자는 현행 프로그램이 단체의 철학 및 목적에 부합되는지, 그리고 단체의 철학을 구현하는 데 프로그램이 기여하고 있는가를 살펴보아야 한다.
- **요구 조사** : 참가자가 새롭고 즐거운 경험 및 만족감을 얻을 수 있도록 참가자의 요구를 반영하는 절차를 거쳐야 한다.
- **프로그램 목적 및 목표 설정** : 생활체육 프로그램의 목적 설정은 프로그램 기획의 전 과정에서 추진하여야 할 방향을 제시한다. 또한 목적을 달성하기 위해서는 구체적으로 성취하여야 할 실천 내용을 수반하는데 이것이 바로 목표이다.
- **생활체육 프로그램 계획** : 이는 프로그램 설계 및 계획서 작성 단계로 구분된다. 먼저, 프로그램 설계는 프로그램 구성 요소를 확인하고 단계별 활동 시나리오를 계획하는 것으로서 프로그램 운영에 필요한 활동 시나리오를 개념화하고 우선순위를 결정하는 데 목적이 있다. 프로그램 계획서는 건물의 청사진이라고 할 수 있다. 프로그램 계획서는 미래 프로그램 운영의 지침으로 이용되며 설계 단계에서 발견되는 문제점을 실행 전에 바르게 교정하는 역할을 한다.
- **생활체육 프로그램 실행** : 실행에서 대부분의 시간을 소비하며, 물리적 공간 확보와 배열, 프로그램 광고, 참가자 등록, 지도사 구성 및 관리 등 주의를 기울여야 할 내용이 많다.
- **생활체육 프로그램 평가** : 이는 좁은 의미에서 이미 제시된 활동 목표에 대한 경험효과를 측정하는 과정이며, 넓은 의미에서 프로그램 활동을 통하여 참가자와 지도사의 생활체육에 대한 가치, 태도 및 운동 기능 수준의 변화를 판정하는 것이다.

★★★
Q 19

#생활체육 프로그램 실행단계

생활체육 프로그램의 실행단계에 대해 설명하시오.

실행에서 대부분의 시간을 소비하며, 물리적 공간 확보와 배열, 프로그램 광고, 참가자 등록, 지도사 구성 및 관리 등에 주의를 기울여야 한다.

★ Q 20	#생활체육 활성화방안 **생활체육 활성화방안을 나열해보시오.**
	시설, 지도사, 프로그램, 법, 제도 개선 등이 있다.

★ Q 21	#생활체육시설 유형 **생활체육시설의 유형에 대해 설명하시오.**
	• 이용자에 따른 분류 : 생활체육시설, 직장체육시설, 전문체육시설 • 민간체육시설에 따른 분류 : 영리체육시설, 비영리 체육시설 • 이용 목적에 따른 분류 : 근린체육시설, 공공경기장시설, 광역체육시설 • 공공체육시설에 따른 분류 : 불특정 다수에게 저렴한 비용으로 제공하는 시설

★ Q 22	#생활체육의 영향 **생활체육이 미치는 영향에 대해 말해보시오.**
	• 신체 성장 발달을 촉진한다. • 정서 순화와 안정에 도움을 준다.

★ Q 23	#생활체육의 필요성 **생활체육의 필요성에 대해 설명하시오.**
	• 생활체육은 개인적으로는 자아실현, 인격형성, 여가선용 기회, 건강의 유지 증진을 위하여 그리고 사회적으로는 공동체 의식 함양, 건전한 여가풍토 조성, 국민 건강의 유지 · 증진으로 행복한 삶을 영위토록 한다. • 생활체육은 운동시간이 부족한 현대인들에게 필요한 적정량의 신체활동 기회를 제공하여 건강 증진과 강한 체력을 육성한다. • 생활체육은 현대사회의 각종 병리현상으로 인하여 발생하는 걱정, 갈등, 열등감, 죄의식, 우울증 및 공격성을 해소시킬 수 있다. • 생활체육은 팀워크, 공동체 의식 강화, 사회적 결속 등을 통하여 원만한 사회생활을 영위할 수 있도록 돕는다.

Q 24 ★★★

#생활체육지도 시 주의사항

생활체육인을 지도할 때 유의사항을 설명하시오.

- 올바른 지도 철학으로 지도한다.
- 편견을 버리고 공평한 지도를 한다.
- 의사 전달이 명확해야 한다.
- 지도받는 사람 위주의 지도가 필요하다.
- 연구하고 공부하는 지도사가 되어야 한다.

Q 25 ★★

#생활체육지도사 개념

생활체육지도사의 개념에 대해 설명하시오.

국민 또는 생활체육에 참가하는 사람들에게 건강과 신체활동을 위해 안내하고 전문 종목의 기술과 지식을 가르치며 관리하는 사람을 말한다.

Q 26 ★

#생활체육지도사 기능

생활체육지도사의 기능에 대하여 설명하시오.

- 활동지원적 기능
  - 체육시설 관리, 운영 효율화
  - 체육활동의 기획, 입안
  - 다양한 프로그램의 개발과 보급
  - 생활체육 저변 확대를 위한 동호인 조직, 육성 및 홍보

- 스포츠 지도적 기능
  - 체육시설의 합리적 운영(활동능률의 증대)
  - 현장지도의 체계적 운영(활동효과 증대)
  - 대상별 다양한 프로그램 적용 및 지도(개인차)
  - 각종 클럽, 스포츠교실 확장(필요성 증대)

Q 27 ★

생활체육지도사의 역할에 대하여 다섯 가지 이상 나열하시오.

- 생활체육활동 목표의 설정
- 효율적인 지도 기법의 개발
- 생활체육 지도사 간의 인간관계 유지
- 생활체육 프로그램의 개발
- 생활체육 재정의 관리
- 생활체육 활동용 기구의 효율적 운용
- 생활체육에 대한 연구 활동
- 지역사회와의 유대관계 형성 및 강화
- 안전사고 예방 및 시설 관리
- 활동 내용의 기록 및 문서 관리

#생활체육지도사 역할

Q 28 ★★

생활체육지도사의 역할에 대해 설명하시오.

생활체육의 전문지식 전달, 운동기능 전수, 운동처방, 생활체육시설의 운영 및 관리, 체육에 대한 긍정적인 인식 정착을 위한 노력 등을 한다.

#생활체육지도사 자질

Q 29 ★★★★

생활 및 전문 체육지도사의 자질 세 가지 이상을 나열해보시오.

- 전문적 지식
- 윤리와 도덕적 품성
- 투철한 사명 의식
- 올바른 지도 철학
- 존중과 공정성
- 명확한 의사 전달능력

Q 30 ★

#생활체육지도사 자질

생활체육지도사의 자질에 대해 구체적으로 설명하시오.

- 의사전달 능력 : 이를 위해서는 참가자의 관심 유도 및 유지, 의사전달 내용의 상세한 설명, 성실한 청취 태도 분위기 조성이 이루어져야 한다.
- 투철한 사명감 : 투철한 사명감을 지닌 지도사는 참가자의 과도한 긴장이나 불안을 해소시켜 줌으로써 생산적 활동을 주도하고, 자발적 의지로 자신이나 집단의 목표를 성취하도록 유도한다.
- 활달하고 강인한 성격 : 생활체육 참가자로 하여금 친근감 및 신뢰감을 형성시켜 주며 집단의 우호적 분위기 조성에 기여한다.
- 도덕적 성품 : 생활체육 참가자를 유인하는 하나의 매력으로 작용하며 참가자와 원만한 인간관계를 형성하도록 이끌어 준다.
- 칭찬의 미덕 : 참가자의 과제 수행에 대한 긍정적 동기유발을 촉진한다.
- 공정성 : 생활체육 지도사는 성, 연령, 교육수준, 지역, 사회계층, 운동기능 수준, 외모 등에 의한 편견 없이 참가자 모두를 평등하게 대우하고 지도해야 한다.

Q 31 ★★★

#서킷 트레이닝

서킷 트레이닝에 대해 설명하시오.

순환운동 형태로 운동 종목의 특성을 고려하여 훈련 방법을 선택할 수 있고 민첩성, 순발력, 지구력, 근력, 근지구력 등 전면적 트레이닝이 가능하다.

Q 32 ★★

#스포츠

스포츠에 대해 설명하시오.

일정한 규칙에 따라 개인, 단체끼리 지구력, 기능 등을 겨루는 일을 말한다.

Q 33 ★

#스포츠맨십

스포츠맨십에 대해 설명하시오.

운동경기에서 공정하고 정정당당하게 승부를 겨루는 정신을 뜻한다.

★
Q 34

스포츠일탈을 정의해보시오.

스포츠에서 발생하는 여러 가지 규범을 위반하는 행동을 뜻한다.

#운동역학 필요성

★★★
Q 35

운동역학의 필요성에 대해 설명하시오.

- 과학적인 지식을 기반으로 운동학습 효과를 극대화 한다.
- 과학적인 지식을 기반으로 경기력 향상에 기여한다.
- 인체의 움직임에 대한 원리를 이해하고 현장 실기 지도에 적용하여 효과적인 훈련을 위해 필요하다 .

#음주 영향도

★
Q 36

음주가 운동에 미치는 영향을 나열하시오.

- 사고력 및 판단력 감소
- 심박수 증가에 따른 혈압 상승
- 과다한 칼슘 방출로 인한 골다공증 유발
- 비타민D 부족으로 골다공증 유발

#이화작용

★★★
Q 37

에너지 대사 과정에서 이화작용에 대해 설명하시오.

- 세포의 기능을 발휘하기 위해 에너지를 세포에 공급하는 과정이다.
- 체내의 복잡한 물질이 간단한 물질로 분해되는 과정이고, 에너지를 방출하고 소비하는 과정이다.

#인체 향상성

★★
Q 38

인체의 향상성에 대해 설명하시오.

외부 또는 내부 환경에서 생명을 유지하고 지키기 위해 인체 조절 시스템을 가동시켜 안정성을 유지하려는 성질이다.

★★
Q 39

#지도사 양성 이유

생활 스포츠지도사를 양성하는 이유에 대해 말해보시오.

국민이 건강한 생활을 할 수 있도록 기회를 제공하기 위해 생활 스포츠지도사를 양성해야 한다.

★
Q 40

#체력

체력에 대해 설명하시오.

- 힘으로 표현되는 신체가 가지고 있는 모든 성질을 포함하는 것이다.
- 인간의 생존과 활동의 기초가 되는 신체적, 정신적 능력을 말한다.

★★★
Q 41

#탈수 현상

탈수 현상으로 인해 인체에 나타나는 현상을 세 가지 이상 말해보시오.

- 운동 수행능력 감소
- 근수축과 경련
- 체온 조절능력 상실
- 낮은 산소 섭취
- 혈장과 혈액용적 감소

★★★
Q 42

#호흡기능

호흡에 대해 설명하시오.

호흡은 흡기와 호기로 구분한다.
- 흡기 : 대기 산소를 인체 내로 들여오는 과정을 말한다.
- 호기 : 세포에서 생성된 이산화탄소를 대기로 내보내는 과정이다.

LESSON 05

유소년

※ "유소년"은 키워드 가나다순으로 정리되었습니다.

※ ★ 개수가 많을수록 출제 빈도율이 높습니다.

Q 1 ★

#생애 4주기

생애 4주기에 대해 말해보시오.

생애 4주기는 유소년, 청소년, 성인, 노인기로 나눌 수 있다.
유소년기에는 운동습관 형성, 청소년기에는 즐거운 학교생활, 성인기에는 건전한 여가 및 체육활동, 노인기에는 건강한 노후를 목표로 한다.

Q 2 ★★

#성인체육과 차이점

유소년체육과 성인체육의 차이점에 대해 설명하시오.

유소년은 발달에 중점을 둔 체육을 실시하며, 교수법과 학습법에 대한 전문적인 지식을 가지고 지도하여야 한다.

Q 3 ★

#유소년 스포츠 목적

유소년 스포츠의 목적에 대해 설명하시오.

- 건강한 생활습관을 형성한다.
- 활발한 신체활동을 통한 기초체력을 형성한다.

Q 4 ★★

#유소년 스포츠 정의

유소년 스포츠에 대해 설명하시오.

신체활동을 통하여 유소년을 신체적, 정서적, 사회적으로 완전한 전인적 인간을 만들기 위한 교육이다.

★★ Q 5	#유소년 스포츠 프로그램 구성원리 **유소년 스포츠 프로그램의 구성원리를 말해보시오.**
	• 안전성의 원리 • 적합성의 원리 • 방향성의 원리 • 특이성의 원리

★ Q 6	#유소년 스포츠 프로그램 구성절차 **유소년 스포츠 프로그램의 구성절차를 나열해보시오.**
	자료수집 → 적용대상 선정 → 프로그램 작성 → 프로그램 지도 → 프로그램 평가 → 피드백

★★★ Q 7	#유소년 스포츠 활성화방안 **유소년 스포츠의 활성화방안에 대해 설명하시오.**
	• 유소년 스포츠 활동을 위한 여건 조성 예 스포츠 대회 활성화, 스포츠시설 접근기회 제공, 1인 1종목 배우기 등 스포츠에 대한 관심 제고 • 학교체육 활동의 활성화 및 지역사회로의 확장 예 체육전담교사 확대, 지역 우수강사 활용

★ Q 8	#유소년 스포츠 효과 **유소년 스포츠의 효과에 대해 말해보시오.**
	• 신체적 움직임을 통한 자신감 증진 • 체력 증진 및 지능 발달 • 규칙적인 활동을 통한 건강 증진 • 사회성 증대

#유소년 스포츠지도사 역할

★★
Q 9

유소년 스포츠지도사의 역할에 대해 말해보시오.

- 유소년의 심리적 상태 및 신체활동을 주의 깊게 살핀다.
- 안전하게 운동할 수 있도록 케어한다.
- 유소년의 잠재적 가능성을 발견할 수 있는 역할을 한다.

#유소년 스포츠지도사 자질

★★
Q 10

유소년 스포츠지도사의 자질에 대해 말해보시오.

- 가장 속도가 늦은 유소년에게 맞춰 단계를 조절한다.
- 학습자가 흥미를 갖고 지속적으로 스포츠에 임할 수 있도록 노력한다.
- 지나친 경쟁의식을 갖지 않도록 하며, 밝은 표정과 언어를 사용한다.

#유소년 스포츠지도사의 정의

★★★
Q 11

「국민체육진흥법」에서 명시한 유소년 스포츠지도사의 정의를 말해보시오.

유소년(만 3세부터 중학교 취학 전까지를 말함)의 행동양식, 신체발달 등에 대한 지식을 갖추고 해당 자격 종목에 대하여 유소년을 대상으로 체육을 지도하는 사람을 말한다.

#유소년 영양 섭취

★
Q 12

유소년 운동에 맞는 영양 섭취는 무엇인지 설명하시오.

탄수화물 55~60%, 지방 25~30%, 단백질 12~15%의 섭취가 적절하며, 철분과 칼슘을 충분히 섭취해야 한다.

#유소년 운동방법

★★★
Q 13

유소년의 최적 운동방법이 무엇인지 설명하시오.

유소년에 따라 발육상태가 다르기 때문에 운동 강도와 함께 참가자의 최대운동능력, 건강상태, 특정 운동에 대한 반응 등에 기초하여 프로그램을 설정하고 운동시간을 결정하는 것이 바람직하다.

Q 14 ★

#유소년 운동지도 시 주의할 점

유소년의 운동지도 시 주의할 점에 대해 설명하시오.

유소년기에 과도한 운동은 성장을 방해할 수 있으므로 피하는 것이 좋다. 무리한 운동보다 자신의 체중을 이용한 운동으로 재미를 느끼게 해주면서 장기적으로 적당량의 운동을 하는 것이 성장에 도움을 준다.

Q 15 ★

#유소년 정의

유소년에 대해 정의하시오.

유아와 소년을 함께 부르는 것으로 만 3세부터 중학교 취학 전의 아동을 말한다.

Q 16 ★

#유소년 특징

유소년의 특징에 대해 설명하시오.

- 두뇌가 발달하는 시기로 상상력이 풍부해지고, 자아에 대한 개념이 구체적으로 형성되는 시기이다.
- 유소년 시기에 경험한 것이 인격과 태도가 형성이 되기에 매우 중요한 시기이다.
- 급속한 성장이 일어나는 청소년기를 앞두고 있는 시기로 뼈와 근육의 발달, 운동신경에 많은 변화들이 일어나는 시기이다.

Q 17 ★

#유아기 발달특성

유아기의 발달 특성에 대해 설명하시오.

만 2~6세 영아기와는 다르게 인지적, 사회적, 지적으로 다른 모습을 보인다. 신체적 발달뿐만 아니라 아이의 언어, 정서, 사회성, 성격발달이 이루어지는 시기이고 신체발달이 정신발달에 영향을 준다 .

Q 18 ★

#유아기 운동발달 단계

유아기 운동발달 4단계를 말해보시오.

유아기 운동발달 4단계는 신체적 발달, 운동기능적 발달, 인지적 발달, 사회정서적 발달이다.

Q 19 ★

#유아기 지도방법

유소년의 가장 효율적인 지도방법에 대해 설명하시오.

- 이론보다 흥미위주의 프로그램으로 지도(집중력이 짧음)
- 고강도보다 저강도의 운동으로 지도
- 부상이 없는 중강도, 저강도의 저항운동과 유산소 운동 병행

Q 20 ★★

#청소년 운동방법

청소년기 최적의 운동방법은 무엇인지 설명하시오.

청소년기에는 건강과 체력을 유지하고 증진하기 위해서 심폐지구력, 근력, 유연성 등을 기르는 운동 프로그램 위주로 진행하는 것이 좋다.

LESSON 06

노인

Q 1 ★

#고혈압환자 운동지도방법

고혈압 노인환자의 운동지도방법에 대해 설명하시오.

걷기, 조깅, 수영과 같은 유산소 운동을 주로 한다. 웨이트 운동도 좋지만 운동 초기나 혈압이 너무 높을 때는 실시하지 않는 것이 좋다.

Q 2 ★

#골절 응급처치

골절 시 응급처치에 대해 설명하시오.

골절이 의심된다면 가장 먼저 부상 부위를 움직이지 않도록 고정하는 것이 중요하다.

Q 3 ★

#근육감소 원인

노인의 노화에 따른 근육 감소 원인을 말해보시오.

노화에 따른 신체 기능의 감소로 일상생활에서의 신체활동량이 크게 줄어들면서 근섬유의 자극빈도가 줄어들기 때문에 근육이 감소한다.

Q 4 ★★

#낙상 예방법

낙상의 위험인자와 예방방법에 대해 설명하시오.

낙상 위험인자로는 병력, 하지근력/균형감각/시력/인지능력 저하 및 관절염이 있다. 예방방법으로는 근력 강화, 균형감각 향상, 유연성 증가, 협응력 발달이 있다.

Q 5 ★

#노인 기본 운동방법

노인 근력운동 지도 시 기본 운동방법에 대해 설명하시오.

기본적으로 호흡법, 사용하는 근육군의 설명, 각각 운동 후 회복을 위한 스트레칭에 대해 자세하게 설명한다.

★
Q 6

#노인 역연령
노인을 역연령별로 분류하시오.

- 연소노인(young-old) : 65~74세
- 중고령노인(middle-old) : 75~84세
- 고령노인(old-old) : 85~99세
- 초고령노인(super-old) : 100세 이상

★★
Q 7

#노인 영양섭취 방법
노인의 영양섭취 방법에 대해 설명하시오.

에너지 요구량은 일반 성인보다 10~20% 적은 양을 섭취한다. 하루에 남자 노인은 2,000cal, 여자 노인은 1,500cal 섭취가 적당하다. 고열량보다 영양소를 골고루 섭취할 수 있는 식이습관 형성이 매우 중요하다.

★★★
Q 8

#노인과의 효과적인 의사소통법
스포츠 활동 지도 시 노인과의 효과적인 의사소통법에 대해 말해보시오.

- 노인의 질문이나 의견을 경청한다.
- 소통의 방해요소를 제거한다.
- 불필요한 언행을 조절한다.
- 눈을 자주 마주친다.
- 안정된 어조와 정확한 발음과 품위 있는 언어를 사용한다.
- 적절한 속도로 새로운 정보를 제공한다.

★★
Q 9

#노인 스포츠지도사
노인 스포츠지도사에 대해 설명하시오.

노인의 신체적, 정신적 변화 등에 대한 지식을 갖추고 해당 자격 종목에 대해 노인을 대상으로 생활체육을 지도하는 사람을 뜻한다.

★★
Q 10

#노인 스포츠지도사 자질
노인 스포츠지도사의 자질을 나열해보시오.

- 전문성
- 노인을 대하는 겸손한 태도

★★
Q 10

- 꾸준히 운동할 수 있는 동기유발 능력
- 경청 및 커뮤니케이션 능력

★★★
Q 11

#노인 스포츠 지도사가 알아야 할 필수상식

노인 운동 전문가가 알아야 할 필수상식을 말해보시오.

- 과거 운동경력에 관한 정보를 자세히 얻고 기술해야 한다.
- 근력운동의 중요성을 명확히 해야 한다.
- 환자들이 기대할 수 있는 건강상의 이점을 교육시켜야 한다.

★
Q 12

#노인스포츠 활성화 방안

노인 스포츠 활성화 방안에 대해 말해보시오.

- 노인 여가스포츠 참여지원
  예 노인 전문 지도사, 노인 체육시설, 맞춤형 프로그램 지원 등
- 노인 소외계층 지원체계 구축
  예 경로우대제 도입

★★
Q 13

#노인 스포츠의 긍정적 효과

노인 스포츠의 긍정적 효과에 대해 말해보시오.

건강 증진, 친목 도모, 사회적 역할 감소에 따른 심리적 위축을 극복할 수 있다.

★
Q 14

#노인 운동 심리적 효과

노인 스포츠의 심리적 효과에 대해 말해보시오.

우울증 감소, 인지기능 향상, 삶의 질 향상이 있다.

★★★
Q 15

#노인 운동 주의사항

노인 스포츠 활동 시 주의사항에 대해 말해보시오.

- 운동 전후 충분한 스트레칭을 한다(천천히, 여유 있게).
- 충분한 휴식을 취한다.
- 심하게 긴장하거나 경쟁적인 운동은 피한다.

| ★★★
Q 15 | • 고도의 민첩성을 요하는 운동은 피한다.
• 낙상 방지를 위한 적절한 복장을 착용한다.
• 수시로 수분공급에 주의를 한다(갈증을 느끼지 못하는 경우 다수).
• 관절과 근육에 무리를 주지 않는 강도와 시간으로 한다. |

#노인 운동 지도방법

★★
Q 16 노인에게 적당한 운동 지도방법을 예를 들어 말해보시오.

심폐 향상을 위한 고정식 사이클, 수중 운동, 손잡이가 있는 트레드밀을 주 2~5일, 심박수 40~70% 수준으로 실시한다.

#노인 체력검사

★
Q 17 노인 체력검사 방법에 대해 말해보시오.

국민체력 100(한국형)

체력 인증 프로그램		어르신기(만65세 이상)
국민체력 100NFA (National Fitness Award)		1등급 2등급 3등급 참가증
신체조성 건강 권장범위		적용되지 않음
인증기준	건강체력 항목	• 심폐지구력 – 2분 제자리 걷기(회) – 6분 걷기(m) • 근기능(상지, 하지) – 상대악력(%) – 의자에 앉았다가 일어서기(30초/회) • 유연성 – 앉아 윗몸 앞으로 굽히기(cm)
	운동체력 항목	• 평형성 – 의자에 앉았다가 3m 표적 돌아 오기(초) • 협응력 – 8자 보행(초)

Q 18 ★

#노화 신체 변화

노화에 따른 신체의 변화 세 가지를 말해보시오.

- 골밀도 감소 : 칼슘의 감소와 골기질 퇴화로 골다공증이 발생한다.
- 근육량 감소 : 상체보다 하체 근육이 쇠퇴한다.
- 관절의 가동성 감소 : 유연성 감소 및 평형성과 안정성 상실로 인한 넘어짐 또는 낙상이 발생한다.

Q 19 ★

#당뇨환자 운동지도법

당뇨 노인환자의 운동지도방법에 대해 말해보시오.

- 숨이 약간 차거나 등에 땀이 날 정도의 강도로 30분~1시간 정도가 좋다.
  운동 전/후 스트레칭을 실시하며, 당뇨환자의 경우 약간 빨리 걷는 운동을
  하루 30분씩 매일 실시하는 것이 좋다.

Q 20 ★

#수분 섭취 이유

운동 중 수분을 섭취해야 하는 이유에 대해 설명하시오.

운동에너지 합성 유지를 도와주며, 탈수 예방, 전해질 균형을 맞춰주는 기능을 한다.

Q 21 ★★★

#스포츠활동 참여 시 기대되는 효과

노인이 규칙적인 스포츠활동에 참여함으로써 기대되는 효과에 대해 설명하시오.

- 긴장 완화
- 심리적 행복감
- 체력 증진
- 기능적 능력 저하의 예방 및 능력 향상
- 노화로 인한 질병의 예방 및 회복
- 사회적 인간관계망 확대
- 건강수명 연장

Q 22 ★

#신체나이

신체나이에 대해 정의하시오.

주민등록상의 나이가 아닌 전반적인 신체 기능에 따라 정해지는 나이를 뜻한다.

Q 23 ★★★

#심근경색 정의

심혈관계 질환 중 심근경색에 대해 설명하시오.

혈액 내의 콜레스테롤이나 동맥 내의 혈전으로 인해 심장의 관상동맥이 막혀 심근이 괴사할 수 있는 질환이다.

Q 24 ★

#요통 원인

노인 요통의 일반적인 원인에 대해 말해보시오.

요통의 원인은 대부분 복부비만으로 척추에 과다한 스트레스를 주어 요통을 일으킨다.

Q 25 ★★

#운동 장점

운동의 긍정적 역할에 대해 나열하시오.

- 건강 증진(비만, 암 등)
- 행복감 상승
- 의료비용 절감

Q 26 ★

#웰니스

웰니스(Wellness)에 대해 설명하시오.

웰빙(Well-being), 행복(Happiness), 건강(Fitness)의 합성어로 신체, 정신, 사회적으로 건강한 상태를 말한다.

★
Q 27

#응급처치 정의

응급처치(First Aid)에 대해 설명하시오.

응급처치란 환자 발생 시 즉각적이고 임시적인 처치를 통해 환자의 고통을 경감하고, 상처를 보호하고, 생명을 유지하고 더 나아가 행복한 삶을 유지하게 하는 것이다.

★
Q 28

#응급처치 필요성

응급처치의 필요성에 대해 설명하시오.

응급처치란 어떤 손상이나 질병이 생겼을 때 구급차나 의료진이 도착하기 전에 먼저 도움을 주거나 처치를 하는 것을 말한다. 예기치 않은 시간과 장소에서 갑작스럽게 발생하는 사고와 위험 속에서 신속하게 의료진의 도움을 받을 수 없을 때, 응급처치를 통해 생명을 구하고 현 상태에서 더 나빠지거나 부작용이 생기는 것을 예방하며, 빠르게 회복할 수 있도록 하여 자신과 이웃의 건강과 안전에 큰 도움을 줄 수 있다.

★★★
Q 29

#응급처치방법

응급상황 발생 시 행동요령을 순서대로 말해보시오.

상황 파악 → 도움 여부 결정 → 119 신고 → 응급처치

★★★
Q 30

#협심증 정의

심혈관계 질환 중 협심증에 대해 설명하시오.

혈액 내 콜레스테롤이나 동맥 내의 혈전 발생으로 심장의 관상동맥이 좁아져 가슴에 통증이 발생하는 질환이다.

★★★
Q 31

#협심증 환자 주의법

협심증 환자의 운동 시 주의사항에 대해 설명하시오.

- 고온다습, 저온 환경 등에서는 운동을 금지한다.
- 고혈압, 부정맥 등이 완화되지 않은 경우는 절대적으로 운동을 금지한다.
- 고혈압이나 부정맥의 모니터링을 지속적으로 한다.

LESSON 07 파크골프

※ "파크골프"는 키워드 가나다순으로 정리되었습니다.
※ ★ 개수가 많을수록 출제 빈도율이 높습니다.

★★
Q 1

#OB(Out of bound)

OB(Out of bound)에 대해 설명하시오.

흰색 말뚝이나 라인으로 표시되어 있어 이 라인을 벗어난 경우 벌타가 부여된다.

★★★
Q 2

#그립 잡는 방법

그립 잡는 방법에 대해 설명하시오.

- 스트롱(Strong) 그립 : 일명 훅 그립이라 하며, 악성 슬라이스를 방지하기 위한 강한 그립
- 스퀘어(Square) 그립 : 통상적으로 제일 많이 사용하는 그립
- 위크(Weak) 그립 : 일명 슬라이스 그립이라 하며, 악성 훅을 방지하기 위한 그립

★
Q 3

#레이 업(Lay up)

레이 업(Lay up)에 대해 설명하시오.

공을 치기 어렵거나 목표방향을 확보하기 어려운 상황의 공을 다음 샷을 잘하기 위하여 좋은 위치로 쳐내는 샷을 말한다.

★★★
Q 4

#매너 위반

매너 위반인 경우에 대해 설명하시오.

- 티샷을 하기 전 2회 이상 연습 스윙을 한 경우
- 홀컵에 가까이 있는 공을 한 손으로 퍼팅하는 경우

(TIP) 에티켓 위반
경기 중 동반자에게 조언하는 경우

★
Q 5

#매치 플레이

매치 플레이(Match paly) 방식에 대해 설명하시오.

홀별로 승부를 겨뤄 이긴 홀의 수로 승자를 가리는 경기방식이다.

★★★★
Q 6

#벌타

벌타에 해당하는 경우에 대해 설명하시오.

- 티잉 에어리어 : 티샷 시 클럽헤드에 살짝 맞거나 헛스윙으로 공이 티에서 떨어진 경우
- 움직이는 공 : 세컨드 샷부터 어드레스 동작 중 클럽으로 공을 건드려서 움직인 경우
- 움직일 수 없는 장애물 : 깊은 러프에서 샷을 하면서 공을 맞추지 못하고 긴 풀을 친 경우
- 벙커 : 공을 맞추지 못하고 모래를 친 경우(공이 움직인 것으로 간주)

★★
Q 7

스탠스 종류

스탠스의 종류에 대해 설명하시오.

- 스퀘어(Square)스탠스 : 11자 형
- 오픈(Open) 스탠스 : 왼발이 열려 있는 형
- 클로우즈(Close) 스탠스 : 왼발이 11자 형 보다 더 닫혀 있는 형

★★
Q 8

#스트로크 플레이

스트로크 플레이(Stroke play) 방식에 대해 설명하시오.

전체 홀을 라운드한 후 가장 적은 합계 타수를 기록한 사람이 승자가 되는 경기방식이다.

(TIP) 샷 건 방식(Shot gun)
경기 참가자들을 18개 홀에 배치한 후 신호(총성)로 18개 홀 전체에서 동시에 경기를 시작하는 방식이다.

#스트로크

스트로크(Swing stroke)에 대해 설명하시오.

★★★★
Q 9

스트로크는 공을 쳐서 움직이게 할 의사를 가지고 공을 앞 방향으로 움직이는 동작을 말한다. 클럽이 공에 접촉하여 움직인 경우 1타를 부여한다.

(TIP) 헛스윙

헛스윙이 되어 공이 움직이지 않았을 경우 스트로크로 보지 않고 헛스윙으로 본다.

#실격

실격인 경우에 대해 설명하시오.

★★★★
Q 10

- 경기 전, 경기 중 코스 내 연습 스트로크를 하는 경우
- 경기 시작 후 도착한 경우
- 컵인으로 홀아웃을 하지 않고 다음 홀에서 경기한 경우(더블파 적용 시 별도)
- 스코어 카드에 실제 타수보다 적게 기록한 경우
- 규정 적용을 배제하거나 부여받은 벌타를 면제하기로 합의한 경우(전원 실격)

#쓰리 볼(Three ball)

쓰리 볼(Three ball)에 대해 설명하시오.

★★
Q 11

세 명이 1 : 2로 팀을 갈라 3개의 공으로 경기 후 각 팀별로 스코어가 좋은 사람과 홀 별로 승부를 겨루는 방식이다.

#어프로치 샷

어프로치 샷(Apprach shot)에 대해 설명하시오.

★★
Q 12

그린 주위의 가까운 거리에서 깃대를 향해 공을 치는 샷을 말한다.

★★★★
Q 13

#움직일 수 없는 장애물

움직일 수 없는 장애물의 종류에 대해 설명하시오.

장애물 가운데 코스에 설치되어 있는 것으로 간단히 움직일 수 없거나 옮겨서 곤란한 것을 말한다. 나무기둥, 철망, 배수구의 뚜껑, OB 말뚝이나 화단의 담장 등이 해당된다.

(TIP) 움직일 수 있는 장애물(Loose impediment)
장애물 가운데 돌, 나뭇잎, 낙엽, 동물의 분뇨, 벌레, 깎은 잔디 등과 같은 퇴적물 등으로 지면에 고정되어 있지 않은 자연물이나 벙커 고르개, 버려둔 말뚝, 우산, 빈 깡통, 밧줄 등 고정되지 않은 인공장애물을 말한다.

★★★
Q 14

#인터록킹 그립

인터록킹(Interlocking) 그립에 대해 설명하시오.

일반적으로 손이 작은 사람이나 힘이 없는 사람들이 그립을 잡는 방식이다. 양손의 일체감이 오버래핑보다 더 생기고 그립 자체를 단단히 잡을 수 있으나 클럽헤드의 움직임이 둔해지는 경향이 있다.

★★★★
Q 15

#코스별 깃발 색상

코스별 깃발 색상에 대해 설명하시오.

- A코스 : 적색
- B코스 : 청색
- C코스 : 황색
- D코스 : 흰색

(TIP) 36홀 이상인 E, F, G, H 코스인 경우 깃발 색상은 적색부터 다시 시작함

★★★
Q 16

#파크골프 경쟁 방식 종류

파크골프의 경쟁 방식의 종류에 대해 설명하시오.

포 볼(Four ball), 쓰리 볼(Three ball), 포 섬(Four some), 쓰리 섬(Three some), 베스트 볼(Best ball)이 있다.

Q 17 ★

#파크골프 역사

파크골프의 역사에 대해 설명하시오.

1983년 일본 북해도의 간이 파크골프장에서 처음 시작되었으며, 국내에는 2004년경 도입되었다.

Q 18 ★★★

#파크골프 정의

파크골프에 대해 정의하시오.

파크골프는 일반 골프를 보다 재미있게 즐길 수 있도록 재편성한 스포츠로 도심의 공원 등에 조성하여 남녀노소 모두가 즐길 수 있는 특징을 가지고 있다.

Q 19 ★★

#펀치 샷

펀치 샷(Punch shot)에 대해 설명하시오.

공 뒤를 내려찍어 치면서 팔로우 스루를 생략하는 샷을 말한다.

Q 20 ★

#페어웨이

페어웨이(Fair way)에 대해 설명하시오.

티잉 에어리어에서 그린까지 최소 3m 이상 폭의 잔디로 구성된 구역으로 잔디 길이는 30mm 정도이다.

LESSON 08

그라운드골프

※ "그라운드골프"는 키워드 가나다순으로 정리되었습니다.

※ ★ 개수가 많을수록 출제 빈도율이 높습니다.

★
Q 1

#경기 판정

경기 판정에 대해 설명하시오.

- 연습경기 등 일반적인 경기의 판정은 경기자 자신이 할 수 있으나 공식경기나 별도의 기록원 등 심판을 두는 경기에서는 심판의 판정에 따른다(심판의 오심이나 계산의 착오가 있을 때는 수정할 수 있음).
- 정당한 심판 판정에 대하여 경기의 진행에 방해가 될 정도로 불복하는 경우에는 1벌타를 가산한다.

★★★★
Q 2

#공인용구

공인용구에 대해 설명하시오.

클럽, 볼, 홀포스트, 스타트매트는 공인된 것을 사용하여야 한다.

★★★★
Q 3

#그라운드골프 경기방법

그라운드골프의 경기방법에 대해 설명하시오.

그라운드골프는 소정의 볼을 정해진 타순에 따라 스타트 위치로부터 치기 시작하여, 홀포스트에 들어가 정지된 상태에서의 합계 타수를 겨룬다.

★★★
Q 4

#그라운드골프 경기방식 종류

그라운드골프 경기방식의 종류에 대해 설명하시오.

스트로크매치, 파플레이매치, 홀매치, 포섬 경기방식이 있다.

★★
Q 5

#그라운드골프 에티켓

그라운드골프 경기 중 에티켓에 대해 설명하시오.

- 자신의 플레이가 끝나면 다음 경기자에게 방해가 되지 않도록 오른쪽 여백을 활용하여 빠르게 이동한다.
- 앞 조의 경기가 끝날 때까지 질서 있게 대기하고, 동반 경기자가 볼을 칠 때는 방해되지 않도록 정숙해야 한다.
- 경기 시 자신이 판 구멍이나 발자국을 깨끗이 지워놓고 가야 하며, 경기자는 마크를 휴대하고 그 사용법을 준수하여야 한다.

★
Q 6

#그라운드골프 역사

그라운드골프 역사에 대해 설명하시오.

1982년에 일본 돗도리현 도마리손 생애스포츠 활동추진 사업의 일환으로 시작되었고 우리나라에는 1993년 충북음성과 경북 경주에서 경기가 시작되었다.

★★★
Q 7

#그라운드골프 정의

그라운드골프에 대해 설명하시오.

그라운드골프는 골프를 재편성한 스포츠로 고도의 기술을 요하지 않고 규칙도 간단하기 때문에 초심자도 쉽게 배울 수 있다. 아울러 공원이나 일반 운동장 등 공간을 활용하여 게임을 즐길 수 있어, 누구나 참여가 가능하고 건강증진에도 도움이 되는 대중 스포츠이다.

★★★
Q 8

#그라운드골프 표준코스

그라운드골프의 표준코스에 대해 설명하시오.

경기코스는 50m, 30m, 25m, 15m를 각각 2홀씩 총 8홀로 구성함을 원칙으로 한다.

★
Q 9

#도움금지
도움금지 조항에 대해 설명하시오.

경기자는 볼을 칠 때에 판자 등으로 발판을 만들거나, 다른 사람에게 인적·물적 도움이나 조언을 받아서는 안되며, 이를 어길 시 1타수가 부과된다.

(TIP) 그라운드골프는 제3자의 힘을 빌리지 않고 모든 장애를 자력으로 극복하는 것이 원칙이다.

★★★
Q 10

#미스샷
미스샷으로 볼이 떨어졌을 때 다시 칠 수 없는 경우에 대해 설명하시오.

클럽이 공을 조금이라도 건드린 경우로 공이 멈춘 자리에서 2타를 친다.

(TIP) ● 벌타 없이 다시 칠 수 있는 경우
● 클럽이 공을 건드리지 않은 경우

★★★
Q 11

#방해볼
방해볼의 처리방식에 대해 설명하시오.

경기에 방해가 예상되는 볼은 요구가 없더라도, 볼 주인이 스스로 마크를 하고 치워야 한다. 마크는 홀 포스트를 바라보는 위치의 볼 뒤편 중앙에 놓아야 한다(다른 홀의 경기자가 친 볼이 경기에 방해를 줄 때도 같음).

(TIP) 볼마크 또는 볼을 놓는 과정에서 볼의 위치를 임으로 변경할 경우 벌타 1타를 가산함

★
Q 12

#볼터치 금지
움직이는 볼의 터치 금지에 대해 설명하시오.

경기 시 움직이는 볼을 정지시키거나 쳐서는 안 된다. 바람에 의해 볼이 움직였을 때는 정지된 장소에서 경기를 하고, 볼이 움직여서 홀 포스트에 들어간 경우는 홀인으로 한다.

	#부딪힌 볼
★★★ Q 13	**부딪힌 볼의 처리방식에 대해 설명하시오.**
	경기자가 친 볼이 동반 경기자의 볼에 부딪혔을 때는 볼이 멈춘 지점에서 경기를 계속하고 부딪힌 볼은 원위치로 옮겨야 한다. 다른 경기자의 볼에 맞지 않게 충분히 주의해서 경기해야 한다.

	#스트로크매치
★★ Q 14	**스트로크매치에 대해 설명하시오.**
	1홀부터 8홀까지 총 타수로 승패를 결정하는 방식으로 총 타수가 적은 경기자가 승리하는 방식이다.

	#아웃볼
★★ Q 15	**아웃볼의 처리방식에 대해 설명하시오.**
	경기 시 친 볼을 분실하거나 볼이 코드 밖으로 나갔을 때는 홀포스트와 볼이 나간 지점을 일직선으로 연결하는 코트 경계선에서 좌·우 먼 쪽으로 한 클럽 나간 곳에 볼을 두고, 다음 플레이를 진행하여야 한다. 이때 1타를 가산한다.

	#장애물
★ Q 16	**장애물 제거금지에 대해 설명하시오.**
	볼은 있는 그대로의 상태에서 플레이해야 한다. 볼이 풀이 우거진 숲속에 들어갔을 때 볼이 있는 장소와 자신의 볼임을 확인할 수 있는 한도 내에서 이들을 만질 수가 있고, 풀을 깎거나 나뭇가지를 꺾거나 플레이를 하면 안 된다. 위반 시 1타수가 부과된다.

	#코리안매치
★★★ Q 17	**코리안매치에 대해 설명하시오.**
	• 거리에 따라 홀인원 공제 점수를 달리 적용하는데 50m홀(2홀, 4홀)은 3타를 빼고, 30m홀(1홀, 3홀)과 25m홀(5홀, 7홀)은 2타를 빼고, 15m홀(6홀, 8홀)은 1타를 뺀다. • 등위결정은 2타수가 많은 선수, 2타수도 같을 때는 홀인원이 많은 선수, 홀인원 수도 같을 때는 연장자가 우선한다.

★★★★
Q 18

#타구방법

그라운드골프의 타구 방법에 대해 설명하시오.

볼을 칠 때 클럽의 헤드로 올바르게 쳐야 한다. 밀어내듯이 치거나 끌어 모아 칠 때는 1타를 가산한다(헛스윙의 경우 타수에 포함시키지 않음).

★
Q 19

#파플레이매치

파플레이매치에 대해 설명하시오.

각 홀마다 기준타수를 정해두고 그 기준타수를 중심으로 (−)수를 상쇄한다.

★★
Q 20

#홀인원

홀인원의 처리 방식에 대해 설명하시오.

친 볼이 홀인원 되었을 때는 기록지의 해당란에 1타로 기록하고, 합계 타수에서 3타를 빼고 계산한다(홀인원이 있을 때마다 같은 방법으로 처리함).

PART 05

골프 제대로 즐기기

Golf is the only game I know of that actually becomes
harder the longer you play it.
골프는 구력이 오래될수록 어렵다는 것을 깨닫게 해주는
유일한 게임이다.

- 바비 존스

LESSON 01

골프 창업 및 골프 직무 인터뷰

1. 레인지엑스

박진규 대표

본인 소개 부탁드립니다.

안녕하세요. **레인지엑스 대표 박진규**라고 합니다. 미국 투자은행 리먼브러더스와 메릴린치에서 10여 년간 M&A와 기업 금융 업무를 수행하고, 이후 게임 개발사 스마일게이트에서 게임 퍼블리싱 재무와 해외 사업 개발 업무를 담당하였습니다. 당시 스마일게이트의 자회사였던 지스윙이라는 스크린골프 개발사와 인연이 되어 지스윙 대표를 역임하면서 스크린골프 시스템 지스윙의 개발 마무리와 시장 론칭 그리고 국내 사업을 총괄하였습니다. 지스윙은 사업 론칭 이후 골프존에 이어 시장 2위 플레이어로 발돋움했었는데 이후 카카오 그룹 계열사인 카카오게임즈에서 인수하여 현재 카카오 프렌즈골프의 전신이기도 합니다. 저는 지스윙 대표를 역임하며 경험한 스크린골프 시뮬레이터 개발 및 사업 경험을 기반으로 엔터테인먼트 목적의 스크린골프와 차별화된 연습/레슨에 특화된 측정 목적의 론치모니터 시스템에 대한 시장 수요를 포착하고 **2016년 레인지엑스를 창업**하였습니다.

레인지엑스 매장과 소개 부탁드립니다.

현재 레인지엑스는 서울 강남 지역에 6개의 직영점을 운영하고 있으며, 이외에도 전국적으로 약 50개의 매장에서 레인지엑스 시스템을 설치하고 운영하고 있습니다. 직영점 이외의 매장에서도 레인지엑스 시스템의 수요가 계속해서 증가하고 있어, 시스템 설치 매장 수가 점차적으로 증가할 것으로 예상됩니다.
해외 시장에서도 미국 1개, 싱가포르 2개 매장에서 레인지엑스 시스템이 성공적으로 운영되고 있으며, 전 세계적으로 레인지엑스 시스템을 도입하고자 하는 매장들의 문의가 계속해서 증가하고 있습니다.
레인지엑스 시스템은 **정확한 데이터와 대형 키오스크를 통해 레슨에 최적화된 기술력을 제공하고 있고, 창업주들의 90% 이상이 프로**로서 레슨 매출이 상당히 높아 만족도가 높습니다.

▌직영점

- 레인지엑스 대치(서울 강남구 선릉로 340)
- 레인지엑스 반포(서울 서초구 서초중앙로 217)
- 레인지엑스 서래(서울 서초구 사평대로 140)
- 레인지엑스 서초(서울 서초구 명달로 95)
- 레인지엑스 봉은사(서울 강남구 영동대로106길 23)
- 레인지엑스 삼성(서울 강남구 테헤란로 520)

▌국내 레인지엑스 설치 매장

약 50여 개 매장

대치

봉은사

서래

해외 레인지엑스 설치 매장

미국 1개, 싱가포르 2개 매장

레인지엑스를 창업하게 된 동기와 준비 사항에 대해 말씀해 주세요.

도심지에 있던 중대형 실외 연습장들이 점차 도심 외곽으로 밀려나면서 접근성 좋은 실외 시설들이 소멸되는 현상을 확인하였습니다. 이 현상은 국내 대도시뿐만 아니라 해외 주요 도시에서도 공통으로 나타나고 있습니다. 값비싼 도심지에 골프 연습장을 운영한다는 것이 수지타산 관점에서 현실적이지 않기 때문입니다.

결국 많은 사람들이 거주하고 일하는 도심에는 접근성 좋은 골프 연습/레슨 실내 시설에 대한 수요가 늘어날 수밖에 없다고 판단했으며, 실내에서 연습/레슨을 하기 위해서는 스윙과 샷을 측정하는 시스템에 대한 시장 수요가 증가할 수밖에 없다고 예상했습니다.

당시 시장에서는 국내 스크린골프 기기들이 주로 오락과 엔터테인먼트에 중점을 둔 시뮬레이터로 알려져 있었습니다. 반면에 론치모니터인 트랙맨, GC쿼드 등의 외산 장비는 고가의 제품이며 주로 전문가를 대상으로 개발되어 일반 아마추어 골퍼와 레슨 프로들이 사용하기 어려운 특징이 있습니다. 이에 따라, **정확성과 사용 편의성을 고려하면서 동시에 합리적인 가격대를 유지하는 론치모니터는 시장에서 부족한 것으로 판단**하였습니다. 이러한 공백을 채우기 위해 레인지엑스 시스템을 개발하였습니다.

2018년 11월, 서울 강남구 대치동에 위치한 <레인지엑스 대치>는 첫 번째 직영 매장으로 문을 열었습니다. 이 매장은 스튜디오 2개와 오픈타석 14개로 총 16개의 시스템을 갖춘 대규모 실내 연습 시설입니다. 특히, SBS 골프 채널을 통해 아마추어 골퍼에게 인지도가 높은 이현호 마스터 프로를 중심으로 다수의 레슨 프로들이 함께 하였습니다.

<레이지엑스 대치>는 적절한 상권 분석과 탁월한 레슨 프로진, 쾌적한 시설, 그리고 연습/레슨에 최적화된 레인지엑스 시스템이 결합되어 운영되었습니다. 그 결과 5년이 넘게 지난 시점에서도 매우 성공적으로 운영되어 대치동의 랜드마크 실내 골프 연습 시설로 자리매김하고 있습니다.

골프 관련 창업 시 생활 스포츠지도사(골프) 자격증이 업무에 많은 도움이 되나요? 그 외 골프 창업에 도움이 되는 능력으로는 어떠한 것이 있을까요?

프로 골프 선수를 준비하거나 활동했던 분들이 주로 보유하고 있는 KPGA, KLPGA 자격증이 꼭 레슨 프로로서의 성공적인 커리어를 의미하지는 않는다고 생각합니다. 명문대 영문학과 졸업장이 있다고 대치동 학원 일타 강사가 되는 것은 아닌 것과 비슷합니다. 본인이 골프를 잘 쳐서 낮은 스코어를 기록하는 것과 다른 사람들에게 골프를 잘 가르치는 능력은 다른 능력입니다. **선수로서의 경력을 증명하는 라이센스는 아니지만 골프 지도사로서의 자격증을 보유하는 것이 오히려 골프 강사로서의 커리어를 준비하는 분들에게는 더 적합한 자격증**이 아닐까 생각합니다. 가르치는 방법에 대한 고민과 학습, 가르치는 직업에 대한 마음의 준비 등의 관점에서 보면 **생활 스포츠지도사 자격증이 골프 관련 창업을 준비하는 과정에서 더 도움이 되는 자격증입니다.** 더구나 본인이 골프 강사로서의 라이선스를 갖고 있으면서 사업장의 대표라면, 연습시설에 근무하는 기타 레슨 프로들의 조직 관리 관점에서도 매장 운영에 많은 도움이 될 것으로 생각합니다.

골프 관련 창업 시 도전해 볼 수 있는 분야에 대해 말씀 부탁드립니다.

골프 관련 창업을 생각한다면 피팅 샵, 실내 연습장, 레슨 스튜디오 그리고 스크린골프장 등을 생각해 볼 수 있습니다. 다만 해당 사업 영역 안에서도 **본인의 매장 콘셉트가 무엇인지, 집중하고자 하는 타깃 고객들이 누구인지 그리고 어떤 방식으로 운영할지에 따라서 그에 적합한 상권과 가격 책정, 매장 레이아웃 등이 달라질 것입니다.** 예들 들면 어린이 레슨을 중심으로 할지, 레슨 가격과 이용권 가격을 매력적으로 책정하여 박리다매 방식으로 운영할지, 소수의 고객에게 높은 가격대의 서비스를 제공하는 것이 적절할지 등에 대한 고민이 필요합니다. 매장의 콘셉트에 따라 어떤 마케팅 방법이 적절할지도 달라질 것입니다. 이렇듯 단순히 골프 관련 창업을 하기로 결정하는 것은 이후에도 많은 고민과 선택이 필요한 첫 번째 관문입니다.

타사와 비교할 때 레인지엑스만의 차별화 전략과 운영 노하우에 대해 말씀해 주세요.

레인지엑스는 골프 연습과 레슨에 특화된 론치모니터 시스템으로 다른 브랜드의 론치모니터와 비교하여 사용이 간편하고 비용 또한 합리적입니다.

레인지엑스 설치 매장은 다른 시설과 비교했을 때 전체 고객 중 레슨 고객 비중이 높습니다. 이는 사용이 편리한 레인지엑스 장비를 통해 연습을 선호하는 고객들이 꾸준히 유입되고 있기 때문입니다. 특히, 레인지엑스 시스템으로 레슨을 받은 고객들은 레슨 종료 후에도 해당 연습장이나 스튜디오를 떠나지 않고 계속해서 방문하여 지속적으로 연습하는 경향을 보입니다. 이러한 이용 패턴으로 인해 레슨 유입 비율이 높아지고, 레슨 프로들은 사업장을 이탈하지 않고 꾸준히 근무하게 되어 선순환 효과가 발생합니다. 레인지엑스 시스템을 사용하는 사업주 분들 입장에서 또 중요한 것은 시스템 하드웨어·소프트웨어에 대한 꾸준한 관리가 본사 차원에서 이뤄지는지, A/S 문제 발생 시 본사에서 기민하게 대응하는지가 중요합니다. **레인지엑스 시스템은 주요 하드웨어와 소프트웨어를 자체적으로 개발하였으며, 현재도 주요 개발 인력과 노하우를 내부에 보유하고 있어 A/S 대응을 신속하게 진행할 수 있습니다.** 또한, 다수의 직영 매장을 운영한 경험과 피팅샵/스튜디오 및 소형/중형/대형 매장들에 레인지엑스 시스템을 설치하고 운영한 경험을 토대로 성공적인 매장 운영 노하우를 보유하고 있습니다. 성공 사례와 실패 사례들을 사업주 분들께 적극 커뮤니케이션하여 레인지엑스 시스템을 기반으로 사업주들이 안정적인 수익을 실현하는 데 적극적으로 지원하고 있습니다.

레인지엑스의 창업 절차에 대해 말씀해 주시겠어요?

창업절차는 아래의 순서로 진행됩니다.
상담신청 → 영업 담당자 미팅 → 현장 실사 → 시스템 계약 → 인테리어 공사 → 시스템 설치 → 교육 → 매장 오픈

골프 창업 시 주의할 점에 대해 말씀해 주세요.

골프 아카데미 사업은 교육업과 서비스업이 믹스된 업종으로 고객과의 소통이 중요합니다. 외부로 보이는 모습보다는 서비스 마인드를 장착해야만 경쟁에서 우위를 점할 수 있습니다.
또한 각 매장에서 어필할 수 있는 부분을 최대한 활용하여 다양한 마케팅을 진행하는 것이 유리하고 매장 운영에 대한 기본적인 지식이 있어야 하기에 마케팅에 대한 공부와 매출, 비용 관리 및 시스템 관리 등 운영에 대한 부분까지를 직접 담당해야 하기에 지속적인 공부가 필요합니다.

레인지엑스 창업 시 혜택이 있나요?

다음과 같은 혜택을 지원하고 있습니다.

- 시스템 36개월 무이자 할부 금융 지원
- 중고 재매입 프로그램 지원
- 상권분석부터 오픈 운영 교육까지 원스톱 서비스
- 최초 소모품 지원
- 레슨프로 구인 지원
- 콘텐츠 지속 업그레이드
- 오픈 초기 마케팅 콘텐츠 지원
- 네이버플레이스 등록 지원

마지막으로 레인지엑스 창업을 희망하는 분들께 해주고 싶은 말씀이 있으신가요?

레인지엑스 시스템은 독자적으로 특허를 받은 기술력을 기반으로 하여, 높은 정확도의 실측 데이터를 제공합니다. 또한, 대형 키오스크를 통해 궤적, 방향, 속도, 스핀 등 총 27가지의 골프공과 클럽헤드에 대한 데이터를 제공하여 레슨에 최적화되었으며, 골퍼들의 실력 향상을 목표로 개발된 제품입니다.
골프의 대중화로 인해 골프 레슨 및 연습을 할 수 있는 시설이 많이 생겼습니다. 그러나 본인의 문제점을 정확히 파악하고 목표를 세우며 연습하는 것은 중요합니다. 이를 위한 정확한 데이터를 제공하는 시스템은 많지 않은데, 레인지엑스 시스템은 정확한 데이터를 통해 레슨 및 연습을 통한 골퍼의 실력 향상에 필요한 모든 정보를 제공합니다.

2. 월드골프

김민섭 대표

본인 소개 부탁드립니다.

안녕하세요. 월드골프 대표 김민섭입니다. 대학에서 사회체육을 전공하면서 골프를 접했고, 졸업 후에는 호텔인터불고 휘트니스에서 근무했습니다. 골프를 너무하고 싶어 골프존카운티 선산에서 연습생을 하기도 했습니다. 스포츠 자격증은 생활체육지도사 골프, 수영, 헬스를 취득하였습니다.

월드골프 매장에 대해 소개 부탁드립니다.

저희 매장은 대구 동구 아파트 상가 내 위치한 스크린 골프장으로 2018년도 인수하여 프리랜서 2명, 스크린룸 3개를 보유하고 있습니다.

월드골프를 창업하게 된 동기와 준비 사항에 대해 말씀해 주세요.

골프에 진심인 제가 스크린 골프장을 알아보던 중 우연히 전 사업주의 개인사로 인해 인수하게 되었습니다.

스크린 골프장을 운영하는 것은 결코 쉬운 일이 아니기에 운영 2개월 전부터 매장에 상주하여, 기존 회원들과 친해지며 얼굴을 익혀나갔습니다. 이는 평일/주말, 오전/오후 고객들의 특성을 파악하는 데 많은 도움이 되었습니다. 또한 스크린골프장은 주 고객층이 40~50대 남성이지만 점차 젊은 층에서도 인기를 끌고 있어 꾸준한 수요층이 존재하고, 저와 같은 초보 창업자에게 진입장벽도 낮다고 판단되어 최종 인수하기로 마음을 먹었습니다.

매장 내 스크린 시스템은 골프존보다 상대적으로 초기 구축비용이 저렴한 카카오VX의 프렌즈스크린으로 시스템을 세팅하여 초기 투자비를 절약하였으나 실내 인테리어 리모델링으로 투자비용이 증가되었습니다.

골프 관련 창업 시 생활 스포츠지도사(골프) 자격증이 업무에 많은 도움이 되나요? 그 외 골프 창업에 도움 되는 능력으로는 어떠한 것이 있을까요?

생활 스포츠지도사(골프) 자격증을 보유하고 있으시다면 많은 도움이 됩니다. 생활 스포츠지도사(골프) 자격 취득을 위해 필기시험부터 실기시험까지 궁금한 사항을 문의하시는 분들도 계시고, 은퇴 후 생활의 활력을 찾기 위해 새로운 도전을 하시는 분들도 많으시거든요.

골프창업에 도움 되는 능력을 물어보신다면 풍부한 실전경험이라고 말씀드리고 싶습니다. 예를 들어 스크린골프장, 캐디, 카페, 식당 아르바이트 등 각종 아르바이트 경험은 궁극적으로 사람을 상대로 하는 일이기 때문에 개인 창업에 많은 도움이 됩니다.

타사와 월드골프의 차별화 전략과 운영 노하우에 대해 말씀해 주세요.

저는 생활 스포츠지도사(골프)는 물론 생활스포츠지도사(헬스)도 보유하고 있어, 골프 레슨 시 주요 근육 사용법, 근력강화 방법, 스트레칭 등에 대해 함께 레슨을 해드리는데 손님들의 만족도가 꽤 높은 편입니다. 결국 이러한 작은 것 하나하나가 쌓여 고정 고객을 확보할 수 있게 되고, 매출 증가로 이어지는 선순환 구조를 이루게 됩니다.

또한, 저희는 매월 새로운 이벤트를 개최하여 손님들이 끊임없이 골프에 흥미를 가질 수 있도록 스크린대회, 홀인원 상금 모으기(회원 이용 시 1만 원씩 납부하여 홀인원 시 50% 금액 수여) 등도 진행하고 있습니다.

스크린골프 창업 시 주의할 점에 대해 말씀해 주세요.

❶ 상권이나 일정거리 안에서는 창업할 수 없도록 제한하는 업체가 있어 본인이 원하는 곳에 신규 가맹점 개설이 어려울 수도 있으니 해당 본사에 사전 확인 후 진행하시는 것이 좋습니다.

❷ 가맹 업체별 기계 설치 대수에 따른 프로모션 기간을 활용하면 설치비용을 절감하실 수 있습니다.

❸ 넉넉한 주차시설 완비
스크린골프 이용자는 대부분 차량을 이용하기 때문에 룸 수는 적더라도 주차장이 넓고, 편해야 고객 유치가 유리합니다.

❹ 수수료 발생 여부 확인

18홀, 한 게임이 종료될 때마다 2,000~3,000원의 수수료가 발생되어 가맹점에서 본사로 납부되는 금액이 있으니 정확한 수수료를 확인하셔야 합니다.

❺ 소방시설 완비

스크린골프장은 다중이용시설로 승계 시 "소방시설완비 증명서"를 반드시 확인하셔야 하며, 신규 임대 시에는 관할 소방서에 "소방시설완비 증명서" 발급 여부를 확인하셔야 합니다.

❻ 화재책임보험 가입

다중이용시설은 화재책임보험 가입이 의무화되어 있습니다. 여유가 있으시다면, 만일의 사고에 대비하여 대인, 대물 사고보험도 가입해 두시는 것도 좋습니다.

❼ 건물 용도에 따른 관련 법규 사전 확인

스크린골프연습장은 건축법상 골프연습장으로 구분되어 바닥 면적이 500㎡ 이하 시 2종 근린생활시설로 분류되며, 그 이상은 운동시설에 해당됩니다. 그렇기 때문에 500㎡ 기준이 실평수인지 임대평수 인지의 여부는 지자체마다 조례가 상이할 수 있으니 꼭 관할구청에 문의하시는 것이 좋습니다. 또한 면적에 따른 소방법, 건축법, 장애인 시설법, 정화조 용량, 주차장 등의 법규도 반드시 확인하시기 바랍니다.

마지막으로 스크린골프장을 창업하고 싶어 하는 분들께 해주시고 싶은 말씀이 있으신가요?

어떠한 사업도 마찬가지겠지만 철저한 사전준비 없이 무작정 도전한다면 실패할 확률은 높아집니다. 스크린골프는 유지보수, 인건비 외 신경 써야 할 부분도 생각보다 많고, 주변 스크린골프장과의 경쟁력을 갖추기 위한 비용은 기본이며, 밀폐된 룸에서 플레이를 진행하기 때문에 이에 따른 배달음식 주문, 술, 흡연과 같은 유지관리와 인건비 등이 생각보다 많이 소요됩니다. 그러니 시간적 여유를 두고, 신중하게 많이 알아본 후에 진행하시길 바랍니다. 또한 사업주와 프로의 역할에서 중심을 잡으시는 것이 중요합니다.

스크린골프도 서비스업 이라는 것을 잊지 마시고, 동네 사랑방 느낌의 친절한 것은 기본이며 레슨을 향한 꾸준한 자기개발도 하셔야 한다는 것을 잊지 않으셔야 합니다.

3. 골프존 관계자

생활 스포츠지도사(골프) 자격이 있다면 골프 관련 창업 및 채용의 기회가 많은가요?

실내 스크린 골프 창업(골프존 파크)의 경우, 자격증과는 무관합니다. 다만 생활 스포츠지도사 자격을 취득하고 운영하시는 형태를 살펴봤을 때, 스크린골프 + 연습장 시설을 병행하신다면 인건비 절감을 통한 매장의 수익성 증대에 도움이 되며, 레슨 회원과의 친밀도를 통해 스크린까지 이용하도록 영업하여 장기적으로 단골 고객의 유치 및 확보에 도움이 된다고 봅니다.

저희 가맹점들의 우수 사례를 살펴보면, 공통적으로 경영주들의 주인의식, 고객지향 서비스, 직원교육 및 매장관리가 잘 되어 있습니다. 특별한 능력보다는 경영주로서 책임의식은 물론, 직원과의 신뢰관계 구축 및 조직관리 능력이 필요합니다. 생활 스포츠지도사 자격을 보유하고 있으시다면 아래 법령이 도움 되실 수 있습니다.

> 체육시설업자는 일정 규모 이상의 체육시설에 국민체육진흥법 제11조에 따라 체육지도자를 배치해야 하며 체육지도자의 배치 기준은 다음과 같습니다.
> <체육시설의 설치·이용에 관한 법률 제23조>, <체육시설의 설치·이용에 관한 법률 시행규칙 제22조 및 별표5>
>
> [체육시설업의 종류 및 규모에 따른 배치 인원]
> - 골프장업: 골프코스 18홀 이상 36홀 이하 1명 이상/골프코스 36홀 초과 2명 이상
> - 골프연습장업: 20타석 이상 50타석 이하 1명 이상/50타석 초과 2명 이상

골프사업 창업 시 자격증 외 도움되는 능력으로는 어떠한 것이 있을까요?

고객과 소통하기 위한 노력은 총성없는 전쟁과 같습니다. 프로들마다 각자의 교습법이나 교습 경력이 다르기 때문에 대부분의 차별화 포인트는 결국에는 고객과의 커뮤니케이션입니다. 프로의 공감능력에 따라 고객이 불편해하는 사항을 사전에 인지하고, 고객이 불편해하는 부분을 해결해드리며 고객과의 신뢰를 쌓아가는 것이 가장 큰 차별화라 할 수 있습니다.

골프존의 창업 차별점 및 운영 노하우로는 어떠한 것이 있을까요?

당사의 경우는 다년간의 운영 노하우가 축적되어 있으며, 무엇보다 스크린 골프 시장에서 가장 많은 회원을 확보하고 있습니다. 회원들은 APP을 통해 쉽게 매장을 예약하고, 본인 기록들을 확인할 수 있습니다. 수많은 회원을 보유하고 있다는 자체가 창업을 준비하시는 분들에게는 수익성으로 연결되기 때문에 중요한 요소라고 판단하고 있습니다.

또한 시대의 흐름보다 한발 앞선 최신 기술을 적용하여 스크린 시장의 선두로서 시장을 이끌고 있습니다. 그리고 20년 이상 축적된 고객의 게임 데이터 활용이 운영 경쟁력입니다. 해당 데이터를 통해 고객들이 만족할 수 있도록 끊임없이 고객 맞춤형 콘텐츠를 개발하고, 지속적으

로 고객이 선호하는 이벤트를 개발하며, 적시에
진행하고 있습니다.

골프존 스크린골프 창업절차와 혜택으로는
어떠한 것이 있나요?

❶ 창업신청 이후 지역 담당자 방문 및 정보공
　개서 배부
❷ 지역의 부동산 보유(임대포함)한 경우 상권
　설정 및 가맹 계약 진행
❸ 인테리어 공사 및 제품 설치 후 각종 교육 진행
❹ 사업 개시
　기타 상세한 혜택은 지역의 상황 및 분기별
　프로모션 내용이 상이하여 모두 설명 드리
　기는 어렵습니다.

4. 대기업 골프 레저부문 관계자

본인 소개 부탁드립니다.

안녕하세요. 대기업 골프 레저부문 사업기획팀 K프로입니다.

대학에서 스포츠산업을 전공하고, 이후에 2년간 종합스포츠센터의 골프연습장에서 근무했고, 현재 대기업 레저부문 사업기획팀에서 12년째 근무하고 있습니다. 담당 업무는 신규 골프장 개발 및 증설, 리뉴얼 관련 업무입니다.

골프 관련 창업을 하기 위한 준비사항은 무엇이 있을까요?

골프장은 크게 경기운영, 코스관리가 있는데 운영 부서는 골프에 대한 이해도가 필요합니다. 따라서 생활 스포츠지도사와 골프 티칭 관련 협회 자격증(KPGA, KLPGA, USGTF), 기타 골프 자격증(피팅, 재활)을 보유하고 있거나, 골프 특성화 대학(한국골프대학교) 및 골프 관련 학과를 졸업했다면 골프장 입사 시 큰 메리트임에는 틀림없습니다.

그리고 코스관리 부서는 잔디 및 조경, 비료 등에 대한 이해가 필요하기 때문에 관련 학과 이수자나 자격증(그린키퍼, 잔디관리사, 조경기사 등) 보유자를 우대하고 있습니다.

특히, 18~36홀 골프장에는 생활 스포츠지도사 골프 자격증 1명 이상, 36홀 초과 시에는 2명 이상을 배치하게 되어 있기 때문에 골프장에서는 직원들에게 생활 스포츠지도사 취득을 권장하고 있습니다. 제가 근무하는 골프장은 36홀로 현재 자격 취득자는 총 4명으로 여유가 있습니다.

스크린골프장을 창업하고 싶어 하시는 분들께 해주시고 싶은 말씀이 있으신가요?

골프장에서 근무하는 많은 직원들이 생활스포츠지도사 골프 자격증에 도전하고 있어 저 또한 2020년도에 처음이자 마지막으로 시험에 응시했습니다.

당시에는 정선의 에콜리안 골프장에서 시험을 치렀는데 전략을 세우기 위해 연습 라운드도 다녀오고, 인터넷에 떠도는 기출문제 및 합격자 스터디 노트 등을 참고하면서 구술면접까지 준비할 정도로 꽤나 자신 있었습니다. 하지만 시험 당일 낯선 동반자와 감독관, 그리고 수많은 대기자들의 시선 등 골프를 하며 난생 처음 겪어보는 분위기로 인해 몸과 마음이 경직되었고, 그 결과 참담한 스코어를 반복하며 9홀 완주도 하지 못한 채 시험장을 떠나야 했습니다.

일반적인 골퍼들은 가족, 친구, 각종 모임의 회원 등 가까운 지인들과 편안한 분위기에서 라운드하는 것에 익숙하기 때문에 테스트라는 것에 적응하기 위해서는 실전 연습이 굉장히 중요합니다. 따라서 시험 전에 같은 처지의 수험생들 또는 조인방을 통해 낯선 이들과 라운드하고 정확한 룰을 지키면서 라운드를 마무리하는 것에 익숙해질 필요가 있습니다.

이 책을 통해 저처럼 큰 충격을 받고 골프 테스트를 포기한 수많은 수험생들이 다시 한 번 용기를 얻어 도전하는 계기가 되길 소망하며 저부터 책 정독 후에 다시 도전해보겠습니다.

LESSON 02

골프 멘탈 케어 명언(굿 멘토)

1

Never complain, never explain in the course.

코스에서 불평하지 말고, 변명하지 말라.

– 캐서린 헵번

2

You can always recover from a bad drive, but there's no recovery from a bad putt.

나쁜 드라이브 샷은 만회할 기회가 있지만 나쁜 퍼트는 회복할 기회가 없다.

– 지미 디마렛

3

Trust the line you've picked, commit yourself to that line, and just make a stroke.

당신이 결정한 퍼팅 라인을 믿고, 확실하게 목표를 향해 스트로크를 하라.

– 부치 하먼

4

It is impossible to imagine Goethe or Beethoven being good at billiards or golf.

당구나 골프를 잘 하면서 괴테나 베토벤을 생각한다는 건 불가능하다.

– H. L. 멘켄

5

Never up, never in.

홀을 지나치지 않으면 절대 들어가지 않는다.

– 톰 모리스

6

Don't give your advice before you are called upon.

가르쳐 달라고 하기 전에 먼저 가르치려고 하지 마라.

– 스코틀랜드 명언

7

Golf is about how well you accept, respond to, and score with your misses much more so than it is a game of your perfect shots.

골프는 완벽한 샷(경기)을 하는 경기보다, 자신의 실수를 받아들이고, 그것에 대응하여 스코어를 만들어내는 경기이다.

– 보브 로데라(미국의 심리학자)

8	It's fine to celebrate success but it is more important to heed the lessons of failure. 성공을 축하하는 것은 좋지만 더 중요한 건 실패로부터 교훈을 터득하는 점이다. — 빌 게이츠(마이크로 소프트 창시자)
9	When you have a bad round, forget about it. When you have another bad round, go back to basics. When you have another bad round, go ask for help. 좋지 않은 스코어로 라운드했다면 잊어버리고, 다음 라운드도 그렇다면 기본으로 돌아가라. 그래도 마찬가지라면 프로에게 도움을 청하라. — 스코틀랜드 명언
10	If you drink, don't drive. Don't even putt. 술을 마셨으면 운전하지 마라. 퍼트조차도 하지 마라. — 딘 마틴
11	The better you putt, the bolder you play. 퍼팅에 자신감이 붙으면 대담한 플레이를 펼칠 수 있다. — 돈 재뉴어리
12	Putting is like wisdom, partly a natural gift and partly the accumulation of experience. 퍼팅은 지혜와 같다. 타고난 재능인 동시에 경험의 축적이다. (연습과 실전 라운드를 통해 노하우를 쌓으라는 뜻이다.) — 아놀드 파머
13	yourself to that line, and just make a stroke. 당신이 결정한 퍼팅 라인을 믿고, 확실하게 스트로크 하라. — 부치 하먼
14	Putt with your ears. 귀로 퍼트하라. (공이 홀에 떨어지는 소리가 날 때까지 머리를 들지 말라는 뜻이다.) — 잭 화이턴
15	Happiness is a long walk with a putter. 퍼터를 들고 오래 걷는 것은 행복하다. — 그렉 노먼

16	A good golfer has the determination to win and the patience to wait for the breaks. 훌륭한 골프란 승리에 대한 결의와 퍼팅 시 볼이 홀을 향해 휘는 것을 기다리는 인내력을 가지는 것이다 <div align="right">– 게리 플레이어</div>
17	To find a man's true character, play golf with him. 사람의 진정한 성격을 알고 싶다면 골프를 함께 쳐보면 된다. <div align="right">– P. G 우드하우드</div>
18	I never learned anything from a match that I won. 내가 이긴 경기에서는 아무것도 배우지 못했다. <div align="right">– 바비 존스</div>
19	Every shot counts. The three-foot putt is as important as the 300 yard drive. 3피트 퍼트나 300야드 드라이브 샷이나 모두 같은 1타다. <div align="right">– 헨리 코튼</div>
20	Resolve never to quit, never to give up, no matter what the situation. 어떤 상황에서도 포기하지 마라, 절대 그만두지 않겠다고 결의하라. <div align="right">– 잭 니클라우스</div>
21	I don't fear death, but I sure don't like those three-footers for par. 나는 죽음은 두려워하지 않지만 3피트 파 퍼트는 좋아하지 않는다. (짧지만 부담되는 거리의 세 발짝 파 퍼트는 싫다는 뜻이다.) <div align="right">– 치치 로드리게스</div>
22	A good golf partner is one who is always slightly worse than you. 좋은 골프 파트너는 항상 당신보다 조금 더 못 치는 사람이다. <div align="right">– 작자 미상</div>
23	The best strategy is to trust your swing. 가장 좋은 전략은 당신의 스윙을 믿는 것이다. <div align="right">– 로리 마이어스</div>
24	Achievements on the golf course are not what matters, decency and honesty are what matter. 골프코스에서 중요한 건 성과가 아니라 예의와 성실성이다. <div align="right">– 타이거 우즈</div>

25	Love and putting are mysterious to solve. Both subjects are beyond golfers. 사랑과 퍼팅은 불가사의한 숙제다. 이 두 가지 명제 모두를 푸는 건 골퍼들에게는 무리다. — 토미 아머
26	Drive for show, putt for dough. 드라이버는 쇼, 퍼팅은 돈이다. — 바비 로크
27	Find a good teacher that will keep the game fun. Work hard and don't be afraid to have success or disappointment. That is what golf is all about. 골프가 재미있으려면 좋은 선생님을 발견하는 것이다. 골프를 열심히 치고, 성공이나 실패에 대해 두려워하지 마라. 이것이 골프의 모든 것이다. — 폴라 크리머
28	A man who can putt is a match for anyone. 퍼트를 잘하는 사람은 누구든지 이긴다. — 윌리 파크
29	Putting is like wisdom, partly a natural gift and partly the accumulation of experience. 퍼팅은 지혜와도 같다. 타고난 재능이지만 다른 한편으로는 경험의 축적이기도 하다. (연습과 실전 라운드를 통해 퍼팅 요령과 노하우를 축척하는 것이 퍼트를 잘 하는 비결이라는 뜻이다.) — 아놀드 파머
30	Golf is the only game I know of that actually becomes harder the longer you play it. 골프는 구력이 오래될수록 어렵다는 것을 깨닫게 해주는 유일한 게임이다. — 바비 존스
31	Golfer has to train his swing on the practice tee, then trust it on the course. 골퍼는 연습장에서 스윙 연습을 하고, 코스에서는 스윙을 믿어야 한다. — 보브 로테라

32	I have a tip that can take five strokes off anyone's golf game, it's called eraser.
	누군가의 게임에서 5타 줄이는 법을 얻었다면 그것은 지우개나 다름없다.
	(내 것이 아니라는 뜻이다.)
	– 아놀드 파머

33	The most important shot in golf is the next one.
	골프에서 가장 중요한 샷은, 다음을 생각한 샷이다.
	– 벤 호건

34	If your opponent has trouble remembering whether he shot a six or a seven, he probably shot an eight.
	당신의 상대가 6타나 7타를 쳤는지 기억해 내느라 애를 쓴다면 아마 8타를 쳤을 것이다.
	– 스코틀랜드 명언

35	Aim the putter, then align your body.
	퍼터를 먼저 홀에 겨냥한 뒤 몸을 정렬하라.
	(헤드 페이스를 정확하게 타깃에 스퀘어로 정렬한 이후 몸을 어드레스하라는 뜻이다.)
	– 톰 왓슨

36	It's a funny thing, the more I practice the luckier i get.
	열심히 연습하면 할 수록 더욱 럭키해진다.
	– 게리 플레이어

37	The most important thing in golf is to keep the ball in play.
	골프에서 가장 중요한 것은 공을 경기장 안에 머무르게 하는 것이다.
	– 월터 헤이겐

38	Golf is a science, the study of a lifetime, in which you can exhaust yourself but never your subject.
	골프는 과학이고, 평생 연구해도 제대로 이해하기 어렵다.
	– 데이빗 포건

39	It's not how far you hit it, it's how many you hit.
	어디까지 멀리 치느냐보다 몇 번 치느냐가 더 중요하다.
	– 데이빗 펠츠

40	The secret of golf is to turn three shots into two.
	골프의 비밀은 3샷을 2샷으로 만드는 것이다.
	– 바비 존스

LESSON 03 골프 코스와 필드 시뮬레이션

1 라운드 시 준비물

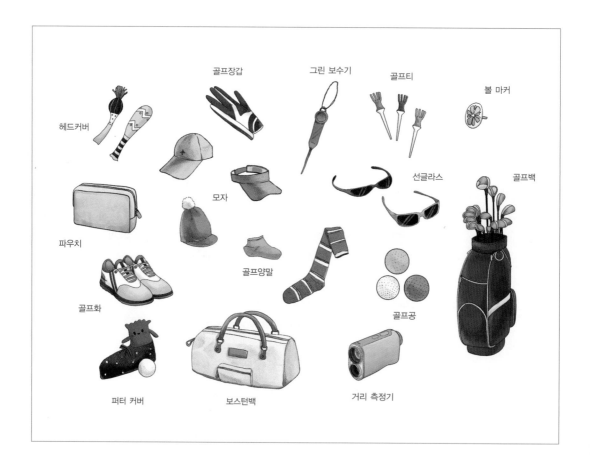

🏌 필수

- 골프클럽
- 캐디백(칸칸이 나뉘어져 있는 것이 수납하기 좋음)
- 보스턴백(골프백)
- 골프장갑
- 골프화(취향에 따라 큐락이 있거나 스파이크리스 선택)
- 골프공(여유 있게 준비 필요)
- Tee(롱티, 숏티) (나무나 플라스틱이 있으나 환경보호를 위해 나무티 추천)
  * 골프 초보자는 Tee에 높이가 표시되어 있는 것 추천
- 모자(야구모자, 캡모자 등 자외선과 추위 방지)
- 핸드타월이나 손수건
- 볼타월
- 볼마커
- 휴대용 파우치(휴대폰, 지갑, 화장품, 선크림 등 개인물품 보관이 편리함)
- 골프양말(바닥이 두툼하고 발을 잡아주는 것이 라운드 시 피로를 줄여준다.)
- 선크림(SPF 지수가 높은 것 추천)
  * 최근에는 기미가 많이 발생하는 부위에 붙이는 패치형도 있음

🏌 옵션(있으면 좋음)

- 골프클럽 헤드커버(클럽 이동 시 스크래치 방지)
- 팔토시(하절기에 팔이 타는 것을 방지해 줌)
- 넥워머(겨울에 보온 유지)
- 핫팩
- 골프우산(자외선 차단기능이 있는 양산 겸용이 좋음)
- 거리측정기(핸디형이나 워치형)
- 스포츠 고글이나 선글라스
- 허리벨트
- 볼 주머니(허리벨트에 끼울 수 있는 골프공 1~2개가 들어갈 정도)
- 볼 라이너(본인 볼 식별)
- 여분의 장갑(우천 시 용이함)
- 여분의 양말(우천 시 용이함)
- 우비
- 스코어 카운터(샷을 친 횟수 카운트하기 좋음)

페어웨이

그린

핀

연못 등
(워터 해저드)

OB(ou

벙커

파란 말뚝

페어웨이

수리지

(페어웨이)병

OB

100

150

남은 거리가 표시되어
있는 말뚝과 나무

컵(홀)

지름
42.67mm

지름
108mm

뚝

흰 말뚝

nds)

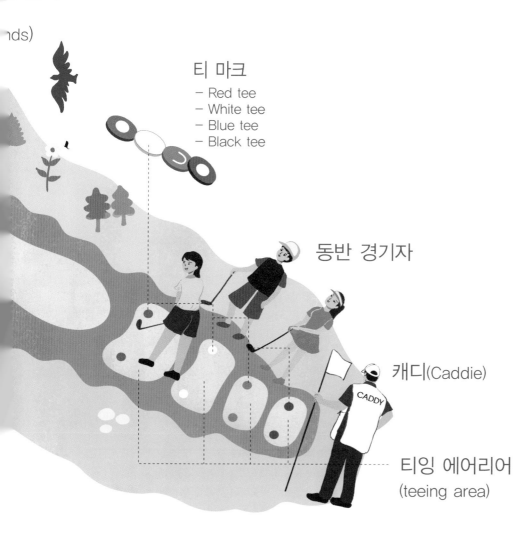

티 마크
 – Red tee
 – White tee
 – Blue tee
 – Black tee

동반 경기자

캐디(Caddie)

티잉 에어리어
(teeing area)

3 필드 방문 시뮬레이션

1. 골프장 도착
- 라운드 시작 1시간 전 도착하도록 한다.
- 안내 데스크에서 체크인한다.
- 배정받은 라커룸에서 플레이 준비를 한다.

2. 플레이 준비
- 담당 캐디를 확인하고 멤버와 만난다.
- 라운드 직전 퍼터 연습장에서 몸을 푼다.

3. 라운드 시작
- 아웃 스타트는 1번 홀, 인 스타트는 10번 홀로 간다.
- 앞 팀이 치고 나면 티샷 순서를 정한다.
- 자신의 차례가 오면 티샷을 한다.
  ※ 다른 사람이 칠 때는 조용히 대기한다.

- 2타 이후는 홀컵에서 먼 사람부터 친다.
- 그린에서는 마크한 뒤 공을 집어든다.
  ※ 같은 팀 사람의 퍼팅 라인을 밟거나 다른 사람이 칠 때 그 사람 공의 라인 연장선상에 서지 않도록한다.
  ※ 그린의 잔디를 소중히 한다.
- 전원이 홀인하여 1홀이 끝나면 스코어를 기록한다.

4. 라운드 종료
- 하프 종료 : 9번 홀을 돌고 나면 휴식시간을 가지며 후반 플레이를 준비한다.
- 후반 9홀을 플레이한다.
- 캐디피 정산 및 클럽과 스코어를 확인한다.
- 클럽하우스로 복귀하여 샤워 후 정산한다.

LESSON 04 골프 상식

1 골프 클럽별 평균 비거리와 공 위치

1. 클럽별 평균 비거리

(야드/미터)

클럽	아마추어 남자	아마추어 여자	시니어	PGA 선수
드라이버	235 / 215	175 / 160	195 / 178	305 / 278
우드 3번	215 / 197	145 / 133	170 / 155	265 / 242
하이브리드 4번	180 / 165	128 / 117	140 / 128	215 / 196
아이언 4번	175 / 160	125 / 114		
아이언 5번	165 / 151	117 / 107		
아이언 6번	155 / 142	110 / 100		
아이언 7번	145 / 133	101 / 93	개인마다 차이가 큼	
아이언 8번	135 / 123	94 / 86		
아이언 9번	125 / 114	85 / 77		
피칭(P)	115 / 105	78 / 70		
웨지 56도	90 / 82	65 / 60	80 / 73	110 / 100

출처 론치모니터의 트랙맨 스윙 분석의 클럽별 평균 비거리

남자 PGA는 야드(1yd=0.9144m), 여자 LPGA는 미터이다. 남자 아마추어는 여자 LPGA 거리 정도의 거리를 유지할 수 있도록 꾸준한 연습이 필요하며, 강한 스윙보다는 힘을 빼고 부드러운 스윙을 익히는 것이 오래 즐겁게 골프를 할 수 있는 비결이다.

무리하게 남자 PGA 선수의 비거리를 위해서 무거운 클럽과 빠른 스윙만 연습한다면, 몸이 상할 수 있으니 주의해야 한다.

PGA TOUR AVERAGES YARDS

	Club Speed (mph)	Attack Angle (deg)	Ball Seed (mph)	Smash Factor	Launch Ang. (deg)	Spin Rate (rpm)	Max Height (yards)	Land Angle (deg)	Carry (yards)
Driver	113	−1.3°	167	1.48	10.9°	2686	32	38°	275
3-wood	107	−2.9°	158	1.48	9.2°	3655	30	43°	243
5-wood	103	−3.3°	152	1.47	9.4°	4350	31	47°	230
Hybrid 15–18°	100	−3.5°	146	1.46	10.2°	4437	29	47°	225
3 Iron	98	−3.1°	142	1.45	10.4°	4630	27	46°	212
4 Iron	96	−3.4°	137	1.43	11.0°	4836	28	48°	203
5 Iron	94	−3.7°	132	1.41	12.1°	5361	31	49°	194
6 Iron	92	−4.1°	127	1.38	14.1°	6231	30	50°	183
7 Iron	90	−4.3°	120	1.33	16.3°	7097	32	50°	172
8 Iron	87	−4.5°	115	1.32	18.1°	7998	31	50°	160
9 Iron	85	−4.7°	109	1.28	20.4°	8647	30	51°	148
PW	83	−5.0°	102	1.23	24.2°	9304	29	52°	136

LPGA TOUR AVERAGES YARDS

	Club Speed (mph)	Attack Angle (deg)	Ball Seed (mph)	Smash Factor	Launch Ang. (deg)	Spin Rate (rpm)	Max Height (yards)	Land Angle (deg)	Carry (yards)
Driver	94	3.0°	140	1.48	13.2°	2611	23	37°	199
3-wood	90	−0.9°	132	1.48	11.2°	2704	21	39°	178
5-wood	88	−1.8°	128	1.47	12.1°	4501	24	43°	169
7-wood	85	−3.0°	123	1.46	12.7°	4693	23	46°	159
4 Iron	80	−1.7°	116	1.45	14.3°	4801	22	43°	155
5 Iron	79	−1.9°	112	1.43	14.8°	5081	21	45°	147
6 Iron	78	−2.3°	109	1.41	17.1°	5943	23	46°	139
7 Iron	76	−2.3°	104	1.38	19.0°	6699	24	47°	129
8 Iron	74	−3.1°	100	1.33	20.8°	7494	23	47°	119
9 Iron	72	−3.1°	93	1.32	23.9°	7589	24	47°	109
PW	70	−2.8°	86	1.28	25.7°	8403	21	48°	98

2. 골프 클럽별 볼 위치

클럽 길이에 따라 볼 위치가 달라져야 한다.

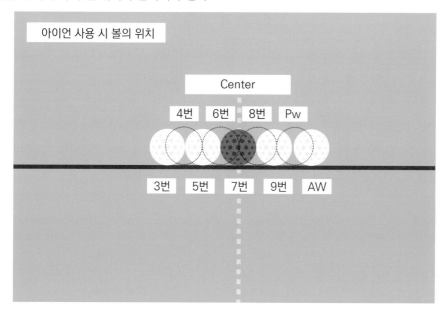

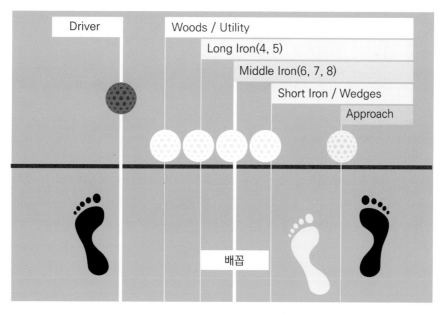

"골프는 과학이다."

비거리의 힘은 땅에서 시작된다. 강편치를 날리는 복서의 힘은 발끝에서 다리를 거쳐 몸통 → 팔 → 손으로 이동하며 상대를 가격한다. 골퍼의 스윙도 마찬가지다.

미국 장타 대회에서 다섯 차례나 우승을 차지하고, 드라이버로 400야드 이상을 날리는 제이슨 주벡도 자신의 힘이 다리에서 몸통, 팔을 거쳐 클럽으로 전달된다고 털어놓았다. 전성기 최고의 장타를 친 잭 니클라우스도 "힘은 땅에서 올라오는 것"이라면서 "타이거 우즈는 드라이브샷을 할 때 땅이 아닌 상체 힘을 이용하기 때문에 부진하다."라고 지적했다.

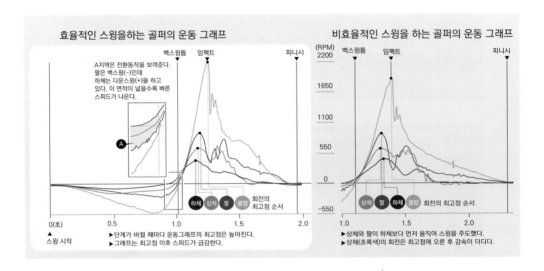

이미지 트레이닝 방법 중 선수들의 구분 동작을 통해 전체 스윙을 이미지로 익히는 것이 중요하다. 스윙의 시작과 끝(피니쉬)은 모두 다르지만, 가장 중요한 부분의 임팩트 구간은 똑같다.

즉, 임팩트 구간에서 볼이 헤드의 스위트스팟 부분을 정확하게 맞추는 것이 중요하다.

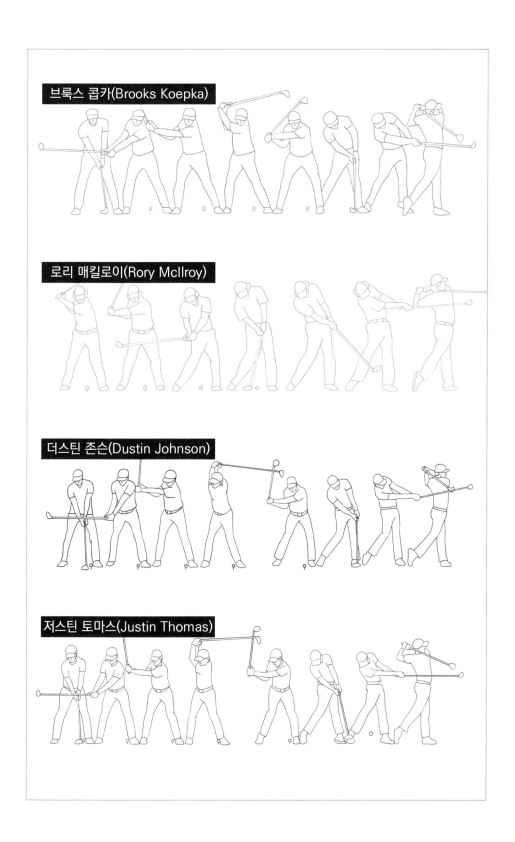

브룩스 콥카(Brooks Koepka)

로리 매킬로이(Rory McIlroy)

더스틴 존슨(Dustin Johnson)

저스틴 토마스(Justin Thomas)

김효주 7단계 스윙

여성의 대표적인 '김효주 7단계 스윙'도 이미지로 학습해보자.

---

3 골프가 쉬워지는 운동

어드레스	임팩트

백스윙	피니쉬

LESSON 05

골프 에티켓

"매너가 골퍼를 만든다.
당신은 어떤 골퍼가 되고 싶으신가요?"

🏌 라운드 전

- 차량 엠프를 크게 틀면서 클럽하우스 현관에 도착하지 말 것
- 골프장에 50분~1시간 전 미리 도착하여 체크인하기
- 골프는 예의를 중요시 하는 스포츠인 만큼 단정한 복장을 할 것
  (지나친 노출과 반바지, 샌들, 슬리퍼 등의 타인에게 불쾌감을 주는 복장은 삼갈 것)
- 스타트 하우스에는 10분 전에 미리 나와 대기하기
- 비즈니스 골프일 경우 캐디에게 손님 위주로 경기를 진행해 달라고 부탁할 것
- 비즈니스 골프일 경우 손님의 캐디백은 가장자리에 실어 편하게 클럽을 꺼낼 수 있도록
  배려할 것

🏌️ 라운드 중

- 카트 이용 시 바른 자세로 착석할 것

- 경기는 정직하게 골프 룰에 따를 것

- 원활한 경기 진행을 위해 플레이를 지연시키지 않도록 할 것(보통 6~7분 간격임)

  (경기 시작 전 장갑, 티, 볼 등을 사전에 준비하고 있을 것)

- 티잉 에어리어에는 한 명의 플레이어만 들어가기

- 어드레스는 후 준비 루틴은 짧게 할 것

- 연습 스윙은 1~2회로 적당하게 할 것

- 연습 스윙 시 디봇에 의해 잔디가 상하게 하지 않도록 할 것

- 타인 티샷 시 주변을 조용히 하여 집중력이 흐트러지지 않도록 배려할 것

- 티샷 후 티는 반드시 회수할 것

- 지나친 음주는 삼가며, 음주를 권하지 말 것

- 흡연은 지정된 장소에서만, 꽁초는 재떨이에 버릴 것

- 핸드폰은 진동/비행기 모드로 변경할 것

- 급하게 통화를 해야 할 경우에는 상대방 플레이에 지장이 없도록 할 것

- 타구 사고 예방을 위해 앞 조가 플레이 하고 있을 때 캐디의 신호 받고 샷하기

- 안전거리(공간, 거리) 확보 후 스윙할 것

- 잘못된 샷을 하였을 경우 "볼~~~~(본래는 "포어"가 맞으나 "볼"로 흔하게 사용·)"이라고
  크게 외쳐 주의를 줄 것

- 멀리건은 본인이 아닌 동반자가 선언해주는 것으로 멀리건을 구걸하지 말 것

- 디봇이나 잔디가 날아갔을 경우 정리할 것

- OB나 해저드와 같은 위험지역으로는 볼을 찾으러 가지 말 것

- 무리하게 볼을 찾지 않을 것(3분 내 볼을 찾지 못할 경우 페널티 부여)

- 여유볼은 사전에 준비할 것(예비로 매홀 1~2개씩 소지하기)

- 외부음식 반입금지 할 것(간단한 초콜릿, 캔디 정도는 괜찮음)

- 동반자의 볼을 찾을 땐 함께 볼을 찾아줄 것

- 동반자가 샷이 잘 맞았을 경우에는 굿샷~ 나이스 샷~이라고 함께 응원할 것

- 기분이 나쁘다고 클럽을 던지지 말 것

- 듣기가 민망한 음담패설이나 짓궂은 농담이나 욕하지 말 것

- 샷하기 전 본인 볼은 표시를 해두어 본인의 볼인지 확인 후 샷을 할 것

- 캐디가 라인을 잘못 봐주거나, 거리를 잘못 알려주었다고 하여 라운드 도중 계속 불만을 표시하지 말 것
- 캐디에게 너무 의존하지 말 것(티, 로스트볼 요청 등)
- 캐디에게 폭언 및 성희롱은 절대 금지할 것

🏌️ 벙커 및 그린

벙커에서 샷을 한 후 생긴 발자국, 샷 한 자국은 정리하고 나올 것

(고무래의 갈퀴 부분으로 모래를 고른 뒤 핀을 향해 밀고, 마무리 단계는 반대 쪽 평평한 부분으로 핀 방향을 향해 밀듯이 정리한다.)

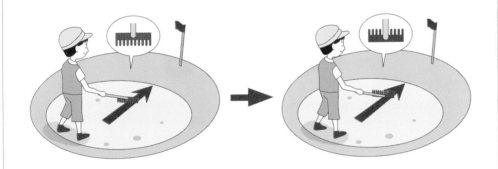

- 그린 보호를 위해 발을 끌거나 뛰지 않을 것
- 디봇은 정리할 것
- 볼 마크를 할 때는 볼 마커를 볼 뒤에 놓은 다음 볼을 집어들을 것
- 동반자 퍼팅 시 조용히 할 것
- 동반자 퍼팅 시 퍼터에 기대어 있지 않기
- 동반자 퍼팅 라인을 밟지 말 것
- 동반자 퍼팅 시 시야에 들어오지 않도록 할 것(그림자를 비추거나 퍼팅에 방해되지 않도록)
- 동반자 퍼팅 시 장갑을 벗을 때 찍~찍~ 소리가 나지 않도록 할 것
- 동반자가 컨시드(OK)를 줬을 때는 "감사합니다"라고 예의를 표하고 볼을 집을 것
- 홀아웃은 동반자 전원이 함께 할 것(먼저 홀아웃했다고 카트로 돌아가지 말 것)

🏌 경기 종료 후

- 모자, 장갑, 선글라스를 벗고 "오늘 덕분에 즐거웠습니다."라고 인사하며 동반자 한 분 한 분과 악수를 하며 경기를 종료할 것
- 가끔 돈을 잃거나 경기결과가 만족스럽지 못한 경우라도 인상쓰지 말 것
- 캐디피는 봉투에 넣어 전달할 것
- 캐디에게 "오늘 고생 많으셨어요."라고 격려 인사할 것
- 라운드 종료 시 본인의 클럽 수가 맞는지 확인 후 이상이 없을 경우 캐디 전표에 사인할 것

개념⁺ **골프를 재미있게 익힐 수 있는 만화 및 애니메이션**

<골프천재 탄도>, <버디버디>, <바람의 대지>, <스타 스윙>, <라이징 임팩트> 등

출처 12

220 PART 05 골프 제대로 즐기기

인용도서 및 출처

인용도서

- KGA 대한골프협회, 「R&A USGA 골프규칙」
- 김해환, 「골프룰 이것만 알면 된다」, 골프아카데미
- 안종설, 「신디레이드의 여성을 위한 골프」, 고려닷컴
- 골프존 마켓인텔리전스팀, 「Golf 대한민국 골프백서」, 백산출판사
- 서울대학교 스포츠산업연구센터, 「한국골프산업백서 2018」, 유원골프재단
- GOLFZON, 「골프의 이해」
- 스가와라 다이치, 「골프 라운드 전에 꼭 읽어야 할 책」, 싸이프레스
- 오츠키 요시히코, 「프로골퍼도 몰래 보는 골프책」, 봄봄스쿨
- 타이거우즈, 「나는 어떻게 골프를 치는가」, 황금가지
- 요시무라 후미에, 「골프 for 레이디」, 리스컴
- Tim Baker, 「세계 최고의 프로에게 배우는 GOLF TIPS」, 아카데미북
- 스티브 뉴웰, 「골프 바이블」, 대한미디어
- 라이프 엑스퍼트, 「머리가 좋은 골퍼 나쁜 골퍼」, 이아소
- 이주호, 「골프에 미치다」, 박영사
- 김형국, 「내 인생의 첫 골프 수업」, 골프아카데미
- 전욱휴, 「전욱휴가 만난 월드 그레이트 티처」, 문학수첩
- 김동욱, 「사진과 그림으로 보는 골프 룰 해설집」, 고려닷컴
- 김기태, 「골프 상식사전」, 길벗
- 김재완, 「프로골퍼 김재환의 골프 가이드」, 넥서스
- 김광섭, 「골프 90타 깨기」, 가림출판사
- 전은규, 「유튜버 행복골프 전코치의 한 달만에 필드 나가기 프로젝트」, 매일경제신문사
- 오명근, 「Park Golf 교본 파크골프 이론과 실제」, (사) 대한파크골프연맹

출처

1	https://dream.kotra.or.kr/kotranews/cms/news/actionKotraBoardDetail.do?SITE_NO=3&MENU_ID=180&CONTENTS_NO=1&bbsGbn=243&bbsSn=243&pNttSn=199864
2	https://www.ngf.org/simulator-golf-sees-real-surge/
3	http://jtbcgolf.joins.com/news/news_view.asp?ns1=43011&news_type=15
4	https://pointbbox.com/entry/%EA%B5%AD%EB%82%B4-%EA%B3%A8%ED%94%84%EC%9E%A5-%EC%8B%9C%EC%9E%A5-%ED%98%84%ED%99%A9%EA%B3%BC-%EC%B5%9C%EA%B7%BC-%EC%9D%B4%EC%9A%A9%EA%B0%9D-%EC%B6%94%EC%9D%B4-%EB%B3%80%ED%99%94
5	https://www.sedaily.com/NewsView/29YJQ5D3PG
6	https://www.golfjournal.co.kr/news/articleView.html?idxno=4706
7	https://www.showgolf.co.kr/new/html/sub04_02.asp
8	http://pglakegolf.com/
9	https://map.naver.com/p/entry/place/36045501?c=15.00,0,0,0,dh
10	https://search.shopping.naver.com/catalog/35676973842?cat_id=50002810&frm=NVSCPRO&query=%ED%8D%BC%ED%8C%85+%EC%95%84%ED%81%AC&NaPm=ct%3Dloo5udu8%7Cci%3Debd11f024789a72664def7307f0ed53c3960997c%7Ctr%3Dsls%7Csn%3D95694%7Chk%3D545a752a9000f4e4b137c78fc630dc179e534150 이미지 출처 Golf Master
11	https://www.century21cc.co.kr/course_mountain
12	대원씨아이, 서울미디어코믹스

레슨에 최적화 된
골프 론치모니터 추천

rangex

01
특허 기술의 론치모니터 & 모든 타석이 연결된 스크린 화면

국내 자체 개발로 클럽 및 볼데이터를 실측하여 정확도 UP / 실제 필드 드라이빙레인지를 그대로 구연한 연결 타석

02
시인성과 사용성이 편리한 대형 키오스크

대형 키오스크로 매장의 고급스러운 분위기 연출과 27개의 데이터와 스윙 영상 및 클럽 & 볼 영상 등 비주얼 데이터 제공

EVENT
골프 국가자격증 보유 프로
레인지엑스 시스템으로 창업 시 특별 혜택

 $ 무이자 할부 지원

 골프 용품 무상 지원
(타석당 타석 / 타격 매트, 볼 50개)

구매 상담 문의 1811 - 1208, 1번 구매 문의
레인지엑스 홈페이지 → 구매 문의 신청

QR 코드를 찍으면 레인지엑스
홈페이지로 이동할 수 있습니다.

AI친구 김버디로
내 스윙 분석하기

정면, 측면 분석에
원하는 클럽별 스윙까지 분석 가능해요!

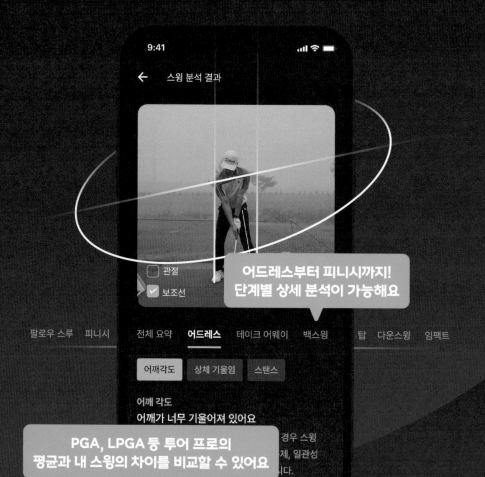

레가토 골프

프리미엄 골프용품 브랜드

| 프리미엄 3피스
우레탄 소재 | 미국 USGA
영국 R&A 공인구 | 미국 아마존 Top10
베스트 셀러 | 국민체육진흥공단
품질 테스트 |

전국 메이저 회원제, 대중제 14개 구장 프로샵 내 판매중

엘리시안 강촌CC / 뉴스프링빌CC / 마에스트로CC / 자유CC / 화산CC / 레이크사이드CC / 아시아드CC

이글몬트CC / 포천힐마루CC / 일동레이크CC / 휘닉스중앙CC / 대명비발디CC / 엘리시안 제주CC / 벨라45CC

온라인 / 기업특판 및 로고볼 인쇄 안내

Contact

이메일 : festiver@spigen.com

"레가토 골프" 카카오톡 채널 문의

Homepage

QR코드를 찍으시면 레가토 골프
홈페이지로 이동하실 수 있습니다.

AI 골프 티칭프로 합격 깨기
생활 스포츠지도사 골프
실기 · 구술 합격 알고리즘

초판발행   2024년 5월 10일

지은이   오세종·송태훈·오은영
펴낸이   안종만·안상준

편 집   김보라
기획/마케팅   차익주
표지디자인   이영경
제 작   고철민·조영환

펴낸곳   (주) **박영사**
          서울특별시 금천구 가산디지털2로 53 210호(가산동, 한라시그마밸리)
          등록 1959.3.11. 제300-1959-1호(倫)
전 화   02)733-6771
f a x   02)736-4818
e-mail   pys@pybook.co.kr
homepage   www.pybook.co.kr
ISBN   979-11-303-1949-0   13690

* Funding: This work was supported by the Ministry of Education of the Republic of Korea and the National
  Research Foundation of Korea(NRF-2021S1A5A8065934)

정 가   29,000원